心一堂術數古籍珍本叢刊

書名：陽宅紫府寶鑑
系列：心一堂術數古籍珍本叢刊　堪輿類　第三輯　330
作者：【清】劉文瀾
主編、責任編輯：陳劍聰
心一堂術數古籍珍本叢刊編校小組：陳劍聰　素聞　鄒偉才　虛白盧主　丁鑫華

出版：心一堂有限公司
通訊地址：香港九龍旺角彌敦道六一〇號荷李活商業中心十八樓〇五一〇六室
深港讀者服務中心：中國深圳市羅湖區立新路六號羅湖商業大廈負一層〇〇八室
電話號碼：(852)9027-7110
網址：publish.sunyata.cc
電郵：sunyatabook@gmail.com
網店：http://book.sunyata.cc
淘寶店地址：https://sunyata.taobao.com
微店地址：https://weidian.com/s/1212826297
臉書：https://www.facebook.com/sunyatabook
讀者論壇：http://bbs.sunyata.cc/

版次：二零二零年七月初版
平裝

定價：港幣　一百八十元正
　　　新台幣　七百五十元正

國際書號：ISBN 978-988-8583-28-7

香港發行：香港聯合書刊物流有限公司
地址：香港新界大埔汀麗路36號中華商務印刷大廈3樓
電話號碼：(852)2150-2100
傳真號碼：(852)2407-3062
電郵：info@suplogistics.com.hk

台灣發行：秀威資訊科技股份有限公司
地址：台灣台北市內湖區瑞光路七十六巷六十五號一樓
電話號碼：+886-2-2796-3638
傳真號碼：+886-2-2796-1377
網絡書店：www.bodbooks.com.tw
台灣秀威書店讀者服務中心：
地址：台灣台北市中山區松江路二〇九號一樓
電話號碼：+886-2-2518-0207
傳真號碼：+886-2-2518-0778
網絡書店：http://www.govbooks.com.tw

中國大陸發行　零售：深圳心一堂文化傳播有限公司
深圳地址：深圳市羅湖區立新路六號羅湖商業大廈負一層〇〇八室
電話號碼：(86)0755-82224934

心一堂微店二維碼

心一堂淘寶店二維碼

心一堂術數古籍 珍本 整理 叢刊 總序

術數定義

術數，大概可謂以「推算（推演）、預測人（個人、群體、國家等）、事、物、自然現象、時間、空間方位等規律及氣數，並或通過種種『方術』，從而達致趨吉避凶或某種特定目的」之知識體系和方法。

術數類別

我國術數的內容類別，歷代不盡相同，例如《漢書・藝文志》中載，漢代術數有六類：天文、曆譜、五行、蓍龜、雜占、形法。至清代《四庫全書》，術數類則有：數學、占候、相宅相墓、占卜、命書、相書、陰陽五行、雜技術等，其他如《後漢書・方術部》、《藝文類聚・方術部》、《太平御覽・方術部》等，對於術數的分類，皆有差異。古代多把天文、曆譜、及部分數學均歸入術數類，而民間流行亦視傳統醫學作為術數的一環；此外，有些術數與宗教中的方術亦往往難以分開。現代民間則常將各種術數歸納為五大類別：命、卜、相、醫、山，通稱「五術」。

本叢刊在《四庫全書》的分類基礎上，將術數分為九大類別：占筮、星命、相術、堪輿、選擇、三式、讖諱、理數（陰陽五行）、雜術（其他）。而未收天文、曆譜、算術、宗教方術、醫學。

術數思想與發展——從術到學，乃至合道

我國術數是由上古的占星、卜筮、形法等術發展下來的。其中卜筮之術，是歷經夏商周三代而通過「龜卜、蓍筮」得出卜（筮）辭的一種預測（吉凶成敗）術，之後歸納並結集成書，此即現傳之《易

經》。經過春秋戰國至秦漢之際，受到當時諸子百家的影響、儒家的推崇，遂有《易傳》等的出現，原本是卜筮術書的《易經》，被提升及解讀成有包涵「天地之道（理）」之學。因此，《易・繫辭傳》曰：「易與天地準，故能彌綸天地之道。」

漢代以後，易學中的陰陽學說，與五行、九宮、干支、氣運、災變、律曆、卦氣、讖緯、天人感應說等相結合，形成易學中象數系統。而其他原與《易經》本來沒有關係的術數，如占星、形法、選擇，亦漸漸以易理（象數學說）為依歸。《四庫全書・易類小序》云：「術數之興，多在秦漢以後。要其旨，不出乎陰陽五行，生尅制化。實皆《易》之支派，傳以雜說耳。」至此，術數可謂已由「術」發展成「學」。

及至宋代，術數理論與理學中的河圖洛書、太極圖、邵雍先天之學及皇極經世等學說給合，通過術數以演繹理學中「天地中有一太極，萬物中各有一太極」（《朱子語類》）的思想。術數理論不單已發展至十分成熟，而且也從其學理中衍生一些新的方法或理論，如《梅花易數》、《河洛理數》等。

在傳統上，術數功能往往不止於僅僅作為趨吉避凶的方術，及「能彌綸天地之道」的學問，亦有其「修心養性」的功能，「與道合一」（修道）的內涵。《素問・上古天真論》：「上古之人，其知道者，法於陰陽，和於術數。」數之意義，不單是外在的算數、歷數、氣數，而是與理學中同等的「道」、「理」--心性的功能，北宋理氣家邵雍對此多有發揮：「聖人之心，是亦數也」、「萬化萬事生乎心」、「心為太極」。《觀物外篇》：「先天之學，心法也。……蓋天地萬物之理，盡在其中矣，心一而不分，則能應萬物。」反過來說，宋代的術數理論，受到當時理學、佛道及宋易影響，認為心性本質上是等同天地之太極。天地萬物氣數規律，能通過內觀自心而有所感知，即是內心也已具備有術數的推演及預測、感知能力；相傳是邵雍所創之《梅花易數》，便是在這樣的背景下誕生。

《易・文言傳》已有「積善之家，必有餘慶；積不善之家，必有餘殃」之說，至漢代流行的災變說及讖緯說，我國數千年來都認為天災，異常天象（自然現象），皆與一國或一地的施政者失德有關；下至家族、個人之盛衰，也都與一族一人之德行修養有關。因此，我國術數中除了吉凶盛衰理數之外，人心的德行修養，也是趨吉避凶的一個關鍵因素。

術數與宗教、修道

在這種思想之下，我國術數不單只是附屬於巫術或宗教行為的方術，又往往是一種宗教的修煉手段——通過術數，以知陰陽，乃至合陰陽（道）。「其知道者，法於陰陽，和於術數。」例如，「奇門遁甲」術中，即分為「術奇門」與「法奇門」兩大類。「法奇門」中有大量道教中符籙、手印、存想、內煉的內容，是道教內丹外法的一種重要外法修煉體系。甚至在雷法一系的修煉上，亦大量應用了術數內容。此外，相術、堪輿術中也有修煉望氣（氣的形狀、顏色）的方法；堪輿家除了選擇陰陽宅之吉凶外，也有道教中選擇適合修道環境（法、財、侶、地中的地）的方法，以至通過堪輿術觀察天地山川陰陽之氣，亦成為領悟陰陽金丹大道的一途。

易學體系以外的術數與的少數民族的術數

我國術數中，也有不用或不全用易理作為其理論依據的，如揚雄的《太玄》、司馬光的《潛虛》。也有一些占卜法、雜術不屬於《易經》系統，不過對後世影響較少而已。

外來宗教及少數民族中也有不少雖受漢文化影響（如陰陽、五行、二十八宿等學說。）但仍自成系統的術數，如古代的西夏、突厥、吐魯番等占卜及星占術，藏族中有多種藏傳佛教占卜術、苯教占卜術、擇吉術、推命術、相術等；北方少數民族有薩滿教占卜術；不少少數民族如水族、白族、布朗族、佤族、彝族、苗族等，皆有占雞（卦）草卜、雞蛋卜等術，納西族的占星術、占卜術，彝族畢摩的推命術、占卜術……等等，都是屬於《易經》體系以外的術數。相對上，外國傳入的術數以及其理論，對我國術數影響更大。

曆法、推步術與外來術數的影響

我國的術數與曆法的關係非常緊密。早期的術數中，很多是利用星宿或星宿組合的位置（如某星在某州或某宮某度）付予某種吉凶意義，并據之以推演，例如歲星（木星）、月將（某月太陽所躔之宮次）等。不過，由於不同的古代曆法推步的誤差及歲差的問題，若干年後，其術數所用之星辰的位置，已與真實星辰的位置不一樣了；此如歲星（木星），早期的曆法及術數以十二年為一周期（以應地支），與木星真實周期十一點八六年，每幾十年便錯一宮。後來術家又設一「太歲」的假想星體來解決，是歲星運行的相反，週期亦剛好是十二年。而術數中的神煞，很多即是根據太歲的位置而定。又如六壬術中的「月將」，原是立春節氣後太陽躔娵訾之次而稱作「登明亥將」，至宋代，因歲差的關係，要到雨水節氣後太陽才躔娵訾之次，當時沈括提出了修正，但明清時六壬術中「月將」仍然沿用宋代沈括修正的起法沒有再修正。

由於以真實星象周期的推步術是非常繁複，而且古代星象推步術本身亦有不少誤差，大多數術數除依曆書保留了太陽（節氣）、太陰（月相）的簡單宮次計算外，漸漸形成根據干支、日月等的各自起例，以起出其他具有不同含義的眾多假想星象及神煞系統。唐宋以後，我國絕大部分術數都主要沿用這一系統，也出現了不少完全脫離真實星象的術數，如《子平術》、《紫微斗數》、《鐵版神數》等。後來就連一些利用真實星辰位置的術數，如《七政四餘術》及選擇法中的《天星選擇》，也已與假想星象及神煞混合而使用了。

隨着古代外國曆（推步）、術數的傳入，如唐代傳入的印度曆法及術數，元代傳入的回回曆等，其中我國占星術便吸收了印度占星術中羅睺星、計都星等而形成四餘星，又通過阿拉伯占星術而吸收了其中來自希臘、巴比倫占星術的黃道十二宮、四大（四元素）學說（地、水、火、風），並與我國傳統的二十八宿、五行說、神煞系統並存而形成《七政四餘術》。此外，一些術數中的北斗星名，不用我國傳統的星名：天樞、天璇、天璣、天權、玉衡、開陽、搖光，而是使用來自印度梵文所譯的：貪狼、巨門、祿存、文曲，廉貞、武曲、破軍等，此明顯是受到唐代從印度傳入的曆法及占星術所影響。如星命術中的《紫微斗數》及堪輿術中的《撼龍經》等文獻中，其星皆用印度譯名。及至清初《時憲曆》，置閏之法則改用西法「定氣」。清代以後的術數，又作過不少的調整。

此外，我國相術中的面相術、手相術，唐宋之際受印度相術影響頗大，至民國初年，又通過翻譯歐西、日本的相術書籍而大量吸收歐西相術的內容，形成了現代我國坊間流行的新式相術。

陰陽學——術數在古代、官方管理及外國的影響

術數在古代社會中一直扮演着一個非常重要的角色，影響層面不單只是某一階層、某一職業、某一年齡的人，而是上自帝王，下至普通百姓，從出生到死亡，不論是生活上的小事如洗髮、出行等，大事如建房、入伙、出兵等，從個人、家族以至國家，從天文、氣象、地理到人事、軍事，從民俗、學術到宗教，都離不開術數的應用。我國最晚在唐代開始，已把以上術數之學，稱作陰陽（學），行術數者稱陰陽人。（敦煌文書、斯四三二七唐《師師漫語話》：「以下說陰陽人謾語話」，此說法後來傳入日本，今日本人稱行術數者為「陰陽師」）。一直到了清末，欽天監中負責陰陽術數的官員中，以及民間術數之士，仍名陰陽生。

古代政府的中欽天監（司天監），除了負責天文、曆法、輿地之外，亦精通其他如星占、選擇、堪輿等術數，除在皇室人員及朝庭中應用外，也定期頒行日書、修定術數，使民間對於天文、日曆用事吉凶及使用其他術數時，有所依從。

我國古代政府對官方及民間陰陽學及陰陽官員，從其內容、人員的選拔、培訓、認證、考核、律法監管等，都有制度。至明清兩代，其制度更為完善、嚴格。

宋代官學之中，課程中已有陰陽學及其考試的內容。（宋徽宗崇寧三年〔一一零四年〕崇寧算學令：「諸學生習……並曆算、三式、天文書。」「諸試……三式即射覆及預占三日陰陽風雨。天文即預

定一月或一季分野災祥，並以依經備草合問為通。」

金代司天臺，從民間「草澤人」（即民間習術數人士）考試選拔：「其試之制，以《宣明曆》試推步，及《婚書》、《地理新書》試合婚、安葬，並《易》筮法，六壬課、三命、五星之術。」（《金史》卷五十一・志第三十二・選舉一）

元代為進一步加強官方陰陽學對民間的影響、管理、控制及培育，除沿襲宋代、金代在司天監掌管陰陽學及中央的官學陰陽學課程之外，更在地方上增設陰陽學課程（《元史・選舉志一》：「世祖至元二十八年夏六月始置諸路陰陽學。」）地方上也設陰陽學教授員，培育及管轄地方陰陽人。（《元史・選舉志一》：「（元仁宗）延祐初，令陰陽人依儒醫例，於路、府、州設教授員，凡陰陽人皆管轄之，而上屬於太史焉。」）自此，民間的陰陽術士（陰陽人），被納入官方的管轄之下。

至明清兩代，陰陽學制度更為完善。中央欽天監掌管陰陽學，明代地方縣設陰陽學正術，各州設陰陽學典術，各縣設陰陽學訓術。陰陽人從地方陰陽學肄業或被選拔出來後，再送到欽天監考試。（《大明會典》卷二二三：「凡天下府州縣舉到陰陽人堪任正術等官者，俱從吏部送（欽天監），考中，送回選用；不中者發回原籍為民，原保官吏治罪。」）清代大致沿用明制，凡陰陽術數之流，悉歸中央欽天監及地方陰陽官員管理、培訓、認證。至今尚有「紹興府陰陽印」、「東光縣陰陽學記」等明代銅印，及某某縣某某之清代陰陽執照等傳世。

清代欽天監漏刻科對官員要求甚為嚴格。《大清會典》「國子監」規定：「凡算學之教，設肄業生。滿洲十有二人，蒙古、漢軍各六人，於各旗官學內考取。漢十有二人，於舉人、貢監生童內考取。附學生二十四人，由欽天監選送。教以天文演算法諸書，五年學業有成，舉人引見以欽天監博士用，貢監生童以天文生補用。」學生在官學肄業、貢監生肄業或考得舉人後，經過了五年對天文、算法、陰陽學的學習，其中精通陰陽術數者，會送往漏刻科。而在欽天監供職的官員，《大清會典則例》「欽天監」規定：「本監官生三年考核一次，術業精通者，保題升用。不及者，停其升轉，再加學習。如能黽勉供職，即予開復。仍不及者，降職一等，再令學習三年，能習熟者，准予開復，仍不能者，黜退。」除定期考核以定其升用降職外，《大清律例》中對陰陽術士不準確的推斷（妄言禍福）是要治罪的。《大清律例・一七八・術七・妄言禍福》：「凡陰陽術士，不許於大小文武官員之家妄言禍福，違者杖一百。其依經推算星命卜課，不在禁限。」大小文武官員延請的陰陽術士，自然是以欽天監漏刻科官員或地方陰陽官員為主。

官方陰陽學制度也影響鄰國如朝鮮、日本、越南等地，一直到了民國時期，鄰國仍然沿用着我國的多種術數。而我國的漢族術數，在古代甚至影響遍及西夏、突厥、吐蕃、阿拉伯、印度、東南亞諸國。

術數研究

術數在我國古代社會雖然影響深遠，「是傳統中國理念中的一門科學，從傳統的陰陽、五行、九宮、八卦、河圖、洛書等觀念作大自然的研究。……傳統中國的天文學、數學、煉丹術等，要到上世紀中葉始受世界學者肯定。可是，術數還未受到應得的注意。術數在傳統中國科技史、思想史，文化史、社會史，甚至軍事史都有一定的影響。……更進一步了解術數，我們將更能了解中國歷史的全貌。」（何丙郁《術數、天文與醫學中國科技史的新視野》，香港城市大學中國文化中心。）

可是術數至今一直不受正統學界所重視，加上術家藏秘自珍，又揚言天機不可洩漏，「（術數）乃吾國科學與哲學融貫而成一種學說，數千年來傳衍嬗變，或隱或現，全賴一二有心人為之繼續維繫，賴以不絕，其中確有學術上研究之價值，非徒癡人說夢，荒誕不經之謂也。其所以至今不能在科學中成立一種地位者，實有數因。蓋古代士大夫階級目醫卜星相為九流之學，多恥道之；而發明諸大師又故為惝恍迷離之辭，以待後人探索；間有一二賢者有所發明，亦秘莫如深，既恐洩天地之秘，復恐譏為旁門左道，始終不肯公開研究，成立一有系統說明之書籍，貽之後世。故居今日而欲研究此種學術，實一極困難之事。」（民國徐樂吾《子平真詮評註》，方重審序）

現存的術數古籍，除極少數是唐、宋、元的版本外，絕大多數是明、清兩代的版本。其內容也主要是明、清兩代流行的術數，唐宋或以前的術數及其書籍，大部分均已失傳，只能從史料記載、出土文獻、敦煌遺書中稍窺一鱗半爪。

術數版本

坊間術數古籍版本，大多是晚清書坊之翻刻本及民國書賈之重排本，其中豕亥魚魯，或任意增刪，往往文意全非，以至不能卒讀。現今不論是術數愛好者，還是民俗、史學、社會、文化、版本等學術研究者，要想得一常見術數書籍的善本、原版，已經非常困難，更遑論如稿本、鈔本、孤本等珍稀版本。在文獻不足及缺乏善本的情況下，要想對術數的源流、理法、及其影響，作全面深入的研究，幾不可能。

有見及此，本叢刊編校小組經多年努力及多方協助，在海內外搜羅了二十世紀六十年代以前漢文為主的術數類善本、珍本、鈔本、孤本、稿本、批校本等數百種，精選出其中最佳版本，分別輯入兩個系列：

一、心一堂術數古籍珍本叢刊

二、心一堂術數古籍整理叢刊

前者以最新數碼（數位）技術清理、修復珍本原本的版面，更正明顯的錯訛，部分善本更以原色彩色精印，務求更勝原本。并以每百多種珍本、一百二十冊為一輯，分輯出版，以饗讀者。

後者延請、稿約有關專家、學者，以善本、珍本等作底本，參以其他版本，古籍進行審定、校勘、注釋，務求打造一最善版本，方便現代人閱讀、理解、研究等之用。

限於編校小組的水平，版本選擇及考證、文字修正、提要內容等方面，恐有疏漏及舛誤之處，懇請方家不吝指正。

心一堂術數古籍 珍本 整理 叢刊編校小組

二零零九年七月序

二零一四年九月第三次修訂

陽宅紫府寶鑑

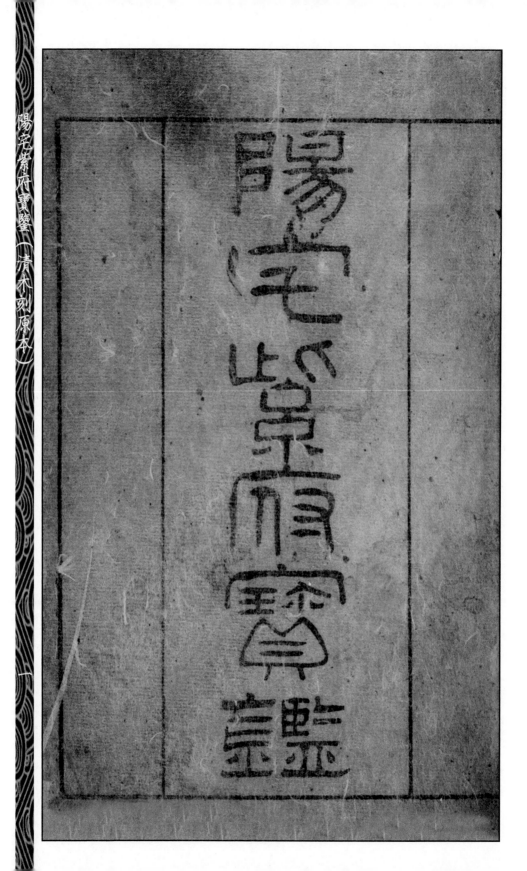

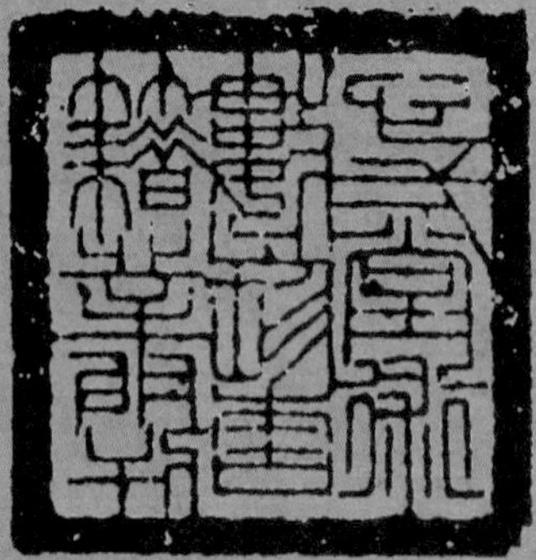

粤稽陽宅之書汗牛充棟各神其說然用之有驗有不驗何也蓋未考乎三元正運宅形納氣嶠星返氣之樞機故小驗而多違幸蔣平階先生天元五歌第四篇與古鏡歌並陽宅得一錄諸書行世振聾警聵人知趨避惟未得其竅者尚有岐途之惑　余研求是道二十餘年戊子春著奇門纂圖鈎原四千三百二十局探微索秘遂會撼龍經一十八論造宅三白與城門秘旨推九宮順逆變換纂爲宅圖一十八局胳合陽遁九陰遁九之數實元空大卦離龍坎水交媾

成局配天地山澤雷風水火之化機爲造宅之綱領次門水改換嶠星遠近輔弼高低隨時更變趨避盡合乎天心程式皆師於秘本名曰陽宅紫府寶鑑昔以奔走未遑成帙鶴山張紹川先生究心是道日久今春命其嗣君作哲受學於 余遂編次成書張子習是不忍自秘遽付剞劂以公同志是亦儒者之用心矣道光十二年歲在壬辰日躔娵訾之次高明劉文瀾自序

哲十歲而祖母棄世家君以不能卜吉壤爲憾常語
哲日讀書必先盡孝得地塟親亦人子孝道之一也
哲方弱冠遂命棄舉子業而習是凡形家之書無不
瀏覽兼訪明師竟無得其精微者去秋因蒲楊二君
遇壘池先生於羊城窺其素蘊乃今之隱君子也遂
從先生學陰陽選擇因得讀所著陽宅紫府寶鑑蓋
本元空三大卦及城門一訣顛倒順逆成宅圖一十
入局夫一宅之中隨時變換總以趨元順運若奇門
符使之活轉以視徒知三元板式者不啻天淵矣世

之論陽宅者用九星用八宅又云八宅為體九星為
用卒無確見今得是書而後知以天心為統領八宅
九星悉為所用可謂陽宅第一書矣 哲自是釋憾於
十年望道之心奉家君命梓而行之亦願天下後世
皆無所憾於是道也夫門人鶴山張作哲謹跋

陽宅紫府寶鑑卷之首

凡例

一是書本都天撼龍經一十八論造宅三白秘旨造宅三白以一白統四七為天元六白統三九為地元八白統五二為人元此其原旨矣併合紫府以城門一訣推九宮定玄空大局取離龍坎水交媾迎合天心正運共成宅圖一十八局與奇門陰陽二遁同出一源

一宅圖之順逆本乎城門之在左在右以定城門在左順乘龍為順局城門在右逆乘龍為逆局合於六律六呂即圖南先

生所謂闔闢法也凡遇添改變換順逆皆依城門如局次第先後修之

一陽宅專重龍氣（即離氣）如無龍氣要建高屋端崇為宅本（凡宅離山二十弓外則必要建宅本）所以代龍氣要與坐家水口應星等類合玄空三大局名曰宅本其高低有定（宅本定高正屋九寸應星定低宅本五寸）遠近隨時（詳三元九宮衰旺條內）

一宅外高屋左名輔右名弼（失元時重其擋煞氣）在得運之方要隔遠在失運之方要貼近遠以不能界生

氣迴煞風高正屋九寸遠五弓步高一尺八寸離十弓步高三尺六寸離二十弓步高九尺離五十弓步約畧算之以意商用在乎智者神而明之也近以貼近宅身約離一二弓步大抵高而大者在本元方要離遠恐界生迴煞重而大也出元又當取其近上元中元上一二三四方要遠六七八九方要近下元中元下反是

一坎炁之方建屋名應星高遜於宅本蓋賓主相應也凡宅雖有宅本如無應星催吉不應如應星之方舊有天然水口門戶不用再建

一宅內放水之渠口乃禍福之機括不可不慎上元要放一二三四之水下元要放六七八九之水蓋取水去氣來水來氣止之妙用又要與坐家宅本水口應星合玄空三大局

一是書天地人三元每元三局順逆錯綜變成六局故三六得一十八局分順逆之用

一一四七天元三六九地元若逆局配成天地定位山澤通氣雷風相薄水火不相射之化機多是三元不替大發之[illegible]惟每元依法修改自無

衰敗若順局則不配止合玄空大局其發福否

過稍遜耳

一二五八人元局二八八二疊爲坐家順逆局俱與中五相配故坤艮二宅必中宫高前後層五寸如一二座春上要結方印法見坤艮宅圖內凡遇坐得運正門不開則以坐爲重遇向得運行正門則以向爲重各依元運爲主坐向爲用

一中五局迺樓房與土府之局形體方而高衆屋難茁蓋五黃之象能統領八方爲九宫之主止

論一星或左或右輔弼相旺與放水通氣至八方所向得運門向宜餘地寬平門向失運宜開井對門口要深而濶使水光接天為界煞迎生之要務樓形高而無可匹欲捍禦此方非井氣不能接井愈深氣愈高水光可以冲天也

一圖內各坐所論生男生女本於奇門九宮開闔陰陽之氣其應期則重年辰天喜太陽加臨

一圖內各坐所論得尊官顯宦與得祿豐厚者皆本之中火二星所定訣曰中星不起官不貴火

星不起祿不豐爲官不尊得缺不美者多因中火二星不起故也必要其方有大屋高樓端正朝拱或秀麗峯巒顧屋有情方應上條主應同

一宅煞乃一宅之煞位不宜有六事動用最忌門灶碓磨路並日中响動之物餘緩之犯之遇年辰太歲都天五黃三煞天地官符加臨立應凶灾不勝枚舉如煞在子方午卯酉皆凶煞在寅方申巳亥皆凶宜愼避之

一宅向上管局九星非論卦氣之吉凶惟向上得

貪巨武三吉要有高屋謂之吉星主照雖遇年煞加臨逢凶化吉若向值破祿文廉有破爛樓房尖角之形一遇年煞加臨人口灾殃

已上四條歷驗不爽

一圖內八宅遊年四吉四凶不用以論宅之八方吉凶實論人命東西卦房牀井灶碓磨之吉凶首重灶向灶座餘則可緩凡居房總要趨元納旺而又以合命卦之方可住如合元之房不能合命卦則必食灶口朝本命四吉而房牀納當運吉氣雖不

合命卦亦不減吉也（入宅以之論內外六事則非問有高屋在四凶方應凶者亦必係元運不合而界旺迴煞故凶吉亦如是）

一圖內洛書九疇飛加九宮有生旺死煞退氣關方各飛加宅之八方與入宅不能合用如入宅星吉九疇星未必即吉有九疇星生旺而入宅星偏值五鬼絕命是不能合可見矣總之以九疇星為體定宅入方之吉凶以年辰星加臨為用以定各方加方星本吉而年星吉臨者必吉年星凶臨者亦不凶方星本凶而年星凶臨者

必凶年星吉臨者亦不吉二者相需爲用其禍福自應矣八宅爲本主宰在於元運變遷九星爲用主宰於年星飛加法雖異而用則一也

一五黃關煞惟重年星五黃其毒最猛加之月黃日黃時黃與戊已都天疊臨禍即不淺至宅星入中之五黃不驗也試論坐宅對宮即五黃關煞方安有宅宅不行正門乎何常凶禍知此可見總之門開旺運則五黃而不煞門開失元則非五黃而亦煞也

一放水以坐宮天地人三元爲本看坐宮之主星翻至向上陽順挨陰逆挨以隔四位爲同元取當運三吉星臨水口上元取貪巨祿中元取文廉武下元取破輔弼又不論得元失元切忌祿前巨後所夾一干一支名空位流神不獨放水爲然卽外面此方有水或來或去凡經過此者皆是謂之剝官星也仕路逢此出卽歸山矣放水者愼之

一圖內最重食井可以助宅本可以輔應星與水神同論以在失元方爲旺宜與坐合玄空大卦

又宜各元三吉星飛臨井方乃吉

一書內屋形匾長濶狹四式與四正內變四隅四正外輔四隅獨專二式納氣之法雖未盡此然亦足補諸家之所未備也

一宅以納氣爲重形像之吉凶亦不可缺集舊本若干條於卷末以備參用

一年星紫白加臨層間大門房門牀方調替圖各有取用爲一年之各主吉凶與宅星加臨八方所應吉凶互相爲用故宅既合運亦未必全元

皆吉宅既失運亦豈年年俱凶必按年星飛加乃能定其年内之否泰也並摘錄箕疇秘旨斷驗吉凶爲每年之趨避

一立宅瑣言一章雖爲末務然非安經盤有法分位有定則立宅無所以施其用此亦可爲智者之程式

一修方擇吉所重太陽三方四正守照關拱方位七政造命恩用主照乃爲趨吉有準如以干支取祿貴等字面造課多有不驗所關最要故凡

修方必要宅主之八字全備以太陽度推立命宮度分取恩用元辰星與現選課造命同爲吉辰兼合陰陽令星照命照方所求必應惟求子者要看子息宮度若有落陷受尅則求子不驗餘求財求貴各事同推細看篇末修改之條自識妙用

墨池謹識

總目

卷之二

卷之三

修改擇吉憑太陽七政造命說

答客難

是書初成有客觀之曰無乃太洩眞秘歟天律有禁奈何　瀾曰非也天心仁愛爲本未常不欲人人皆歸於善也聖人大道爲公何常不欲以善及人乎唐僧一行奉命作滅蠻經則僞道足以滅人可知矣眞秘可以福人而不禍人又可知矣此非天心聖道歟何禁之有客曰爲善者昌爲惡者亾自然之報應設惡

人得是書以造宅則惡人不亾非逆天道乎灝曰非也天道報應冥冥中自有所主惡人者住宅祖塋已有惡兆故出惡人是惡人由惡兆以生必因惡兆以亾雖得是書亦未必能用也客又曰善者自昌不善者自亾亦何用子之瀝心血以著是書乎灝曰惡者不能藉以免亾善者必藉以愈昌也然灝之用心尤欲天下之人皆得吉宅吉塋則祥和之氣必生孝子順孫名臣碩士體天地之心備　國家之用何曰太洩何曰天律有禁哉客曰善是誠仁人君子之用心

矣會著有地理青囊天玉都天寶照三經注疏俟校

定續刊並以公世

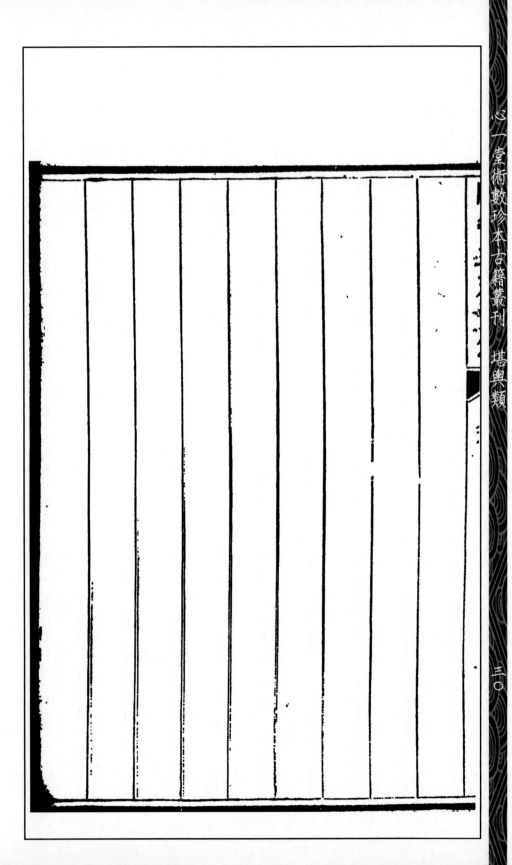

陽宅紫府寶鑑卷之一

高明劉文瀾墨池著
男伯陽復元校
門人張作哲珠崖刊

立宅本旨

夫三卦者玄空三大卦也一卦三官三官盡屬一卦是卦氣之相通由人身脈絡之貫串凡立宅所用在一官而二官必有以應之此一氣統三所謂銅山西崩靈鐘東應皆氣相感應猶人身脈絡完聚而後四

體相安若得一失二脈絡不全縱得元氣亦未可語爲全人篇內宅本應星用與宅配爲全局又須玄關一竅運局氣之順逆是以我之精血周我之脈絡本書作用猶一人身內運轉無一外假（世傳宅書多與宅局氣無關如祿及三合黃泉八煞等類不能枚舉）然身體既全所以生此身體者又憑天之元氣作宅者苟會趨避之機收元納氣未有不永兆吉祥嘗聞古人制宅相陰陽卜纏澗本天時度地勢擬法紫宮用意誠大且遠矣

先後天相配合局自然之圖

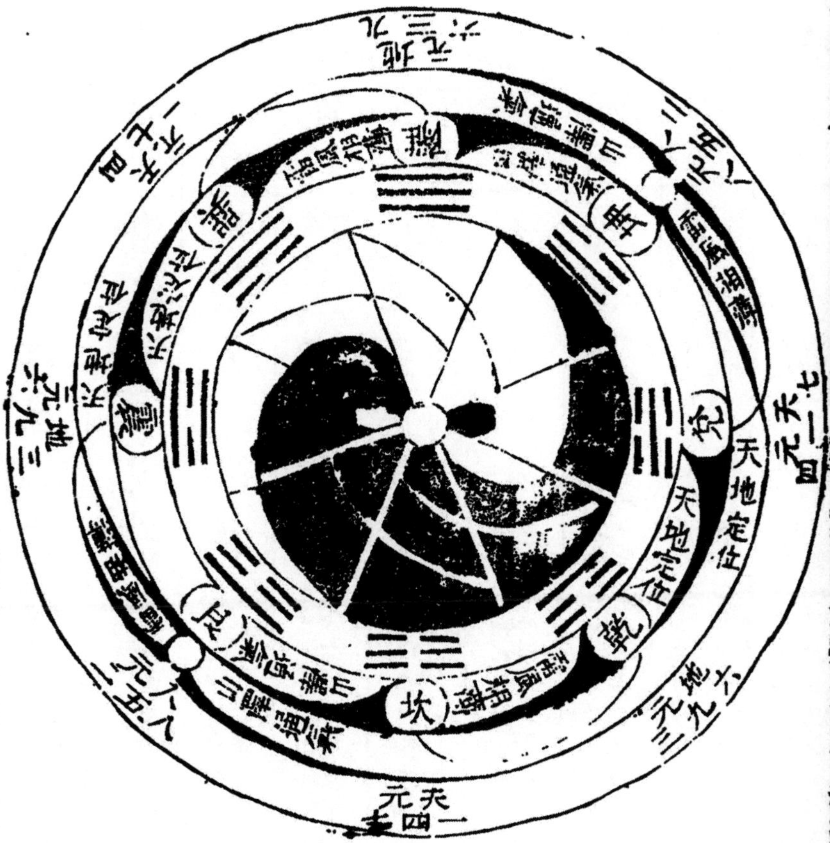

余嘗熟玩蜀傳天地自然之圖久未心得偶將後天卦配入相加疊換以先天之坎乃後天之兌先天之兌乃後天之巽得一七四逆局又以先天之乾乃後天之離先天之離乃後天之震得六九三逆局（天道主逆故以逆局爲上）再以後天之震乃先天之離後天之離乃先天之乾得三九六順局再以後天之巽乃先天之兌後天之兌乃先天之坎得四一七順局（地道主順故以順局爲下）又以後天之坤本先天之巽後天之巽本先天之兌後天

之兌本先天之坎得一四七順局爲坤氣之統
領又以後天之艮本先天之震後天之震本先
天之離後天之離本先天之乾得三六九順局
爲艮氣之流行各局內皆藏離龍坎水交媾之
妙又以起金龍配四神尋先天之對待挨之坎
乘乾有雷風相薄震乘坎又有山澤通氣巽乘
震又有天地定位離乘巽又有雷風相薄坤乘
離又有山澤通氣兌乘坤又有雷風相薄巽乘
坤又有山澤通氣坎乘坤又有天地定位震乘

艮又有雷風相薄離乘艮又有天地定位乾乘艮又有山澤通氣入卦相乘盡合化機妙用此古人所未見者（鄭氏以此圖爲朱子所未見）天心秘密至余一旦思而得之豈所謂思之思之鬼神通之者乎不敢自秘謹演是圖以公世云

四象左右前面城門

圖內一生一應天地妙理俱盡於此

右圖爲十八局分順逆之定用蓋天地自然之氣即經云城門一訣也太極居中宫音遂生兩儀從而生四象由四象而生八卦夫八卦即四象所生者故乾兌本之太陽坤艮本之太陰震離本之少陰坎巽本之少陽四象劃然而四象又本兩儀兩儀之流行得律呂之音以宣天地之氣化育萬物之根本是以藉坎離相配而山川成焉闔闢相生而化機兆焉城門玄竅乃牝牡之門戶也城門在右則氣逆來城門在左則氣

順來順則順作逆則逆成隨城門以定局隨局
以定用天道逆施地道順行法天爲上法地爲
次逆局得天之氣三元不替順局資地之氣則
福力稍遜耳

三元大卦九宫排定同元合局圖

艮乾坤巽 四 天元 午卯子酉	丁乙癸辛 五 人元 寅亥申巳	甲壬庚丙 六 地元 未辰丑戌
丙甲壬庚 三 地元 丑戌未辰	一四七天機秘密宜緘口 二五八龍穴水神人細摟 三六九地卦留後鬼神守	坤巽艮乾 七 天元 卯子酉午
癸辛乙丁 二 人元 巳寅亥申		乙癸辛丁 八 人元 申巳寅亥
巽艮乾坤 一 天元 子酉卯午		壬庚丙甲 九 地元 辰丑戌未

右圖九宮分三元每三宮爲一局自具坎離之氣天玉經云坎離水火中天過者此也又云乾山乾向水朝乾卯山卯向迎源水午山午向午來堂神

山坤向水坤流是指人地兩元合局作用卽本圖之秘籥矣奈古人秘而不宣余錄此以明元空大局之妙是以善及人天律亦應宥之

三元九宫衰旺輔屋宜高低遠近門宜開閉水宜來去總說

上元上二十年一白壬子癸坎卦　中二十年二黒未坤申坤卦　下二十年三碧甲卯乙震卦皆上元當運之方陽宅宜行門宜路宜疎通有高屋雖係宅本應星亦宜遠出百弓已外庶不致界生得元爲生旺氣迎

煞失元為衰煞氣遇此三宮有水宜去不宜來來為引煞去為招旺若
下元此三宮有屋宜高宜貼近以能擋煞不至冲我
宅也高屋在左曰輔右曰弼　中元上二十年四綠
辰巽巳巽卦　中二十年五黃蓋中五無位故分上
十年歸巽下十年歸乾　下二十年六白戌乾亥乾
卦巽當運管三十年乾當運亦管三十年但巽與上
元震同氣乾與下元兌同氣巽震乾兌雙卦其旺運各歸一
片是三元實兩元耳篇內凡舉上元中元上同舉下元中元下亦同　下元
上二十年七赤庚酉辛兌卦　中二十年入白丑艮

寅艮卦　下二十年九紫丙午丁離卦皆下元當運
之方總之當運方宜開門開窓疎通兼來路引氣不
宜高屋樹木山岡逼近外水宜去內水宜放失運方
忌來路忌門窓忌空虛凡高大之物宜貼近宜開井
宜來水與上二元同法

按三元甲子每元管六十年以一百八十年為三
元全每元二十年輪一宮康熙二十三年甲子起
上元首一白次二黑次三碧當運推至乾隆九年
甲子起中元首四綠次五黃次六白當運嘉慶九

年甲子起下元管七赤次八白次九紫疊爲衰旺

重在運氣之轉移也

先天陰陽兩片九宮三元衰旺圖

甲子甲戌 中元上旺運 四綠 辰巽巳 先天兌 武武武 雙卦	甲午十年中元下寄乾 五黃中 甲申十年中元中寄巽	甲辰甲寅 中元下旺運 六白 戌乾亥 先天艮 武武武 雙卦
甲辰甲寅 上元下旺運 三碧 甲卯乙 先天離 貪巨巨		甲子甲戌 下元上旺運 七赤 庚酉辛 先天坎 弼破破
甲申甲午 上元中旺運 二黑 未坤申 先天巽 巨巨貪 單卦		甲申甲午 下元中旺運 八白 丑艮寅 先天震 破破弼 單卦
甲子甲戌 上元上旺運 一白 壬子癸 先天坤 巨貪貪 包二三四三卦		甲辰甲寅 下元下旺運 九紫 丙午丁 先天乾 破弼弼 包六七八三卦

右圖龍分兩片陰陽取之秘分先天四陽卦爲一片四陰卦爲一片形雖分而氣則合故經曰陽以相陰陰以含陽陰陽相交而成天地之匡廓運四

時之代謝歷萬物之化育莫非陽司之陰出之也智者熟思之則宅學趨避之道盡是矣

按圖內二十四山挨星定局本之奧語用以翻向元元飛加不亂又曰陽從左邊團團轉陰從右路轉相通挨星法者此也取三吉星者此也忌空位流神者此也求貪狼者此也智者參之

納氣星形六式

濶形氣散式

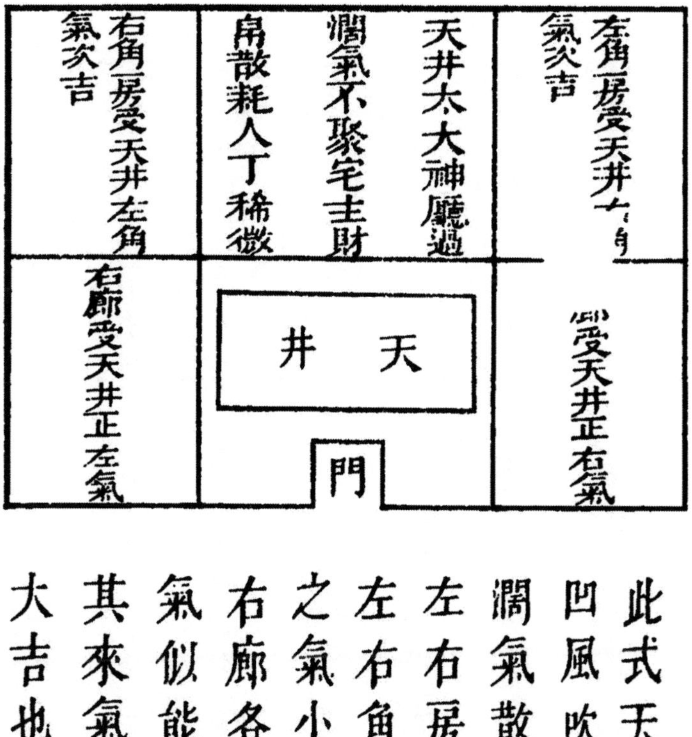

此式天井寬曠如凹風吹宅廳又過濶氣散住廳前之左右房無氣廳后左右角房得天井之氣小納故可左右廊各得天井之氣似能受氣然惜其來氣散而不能大吉也

扁形左右來氣式

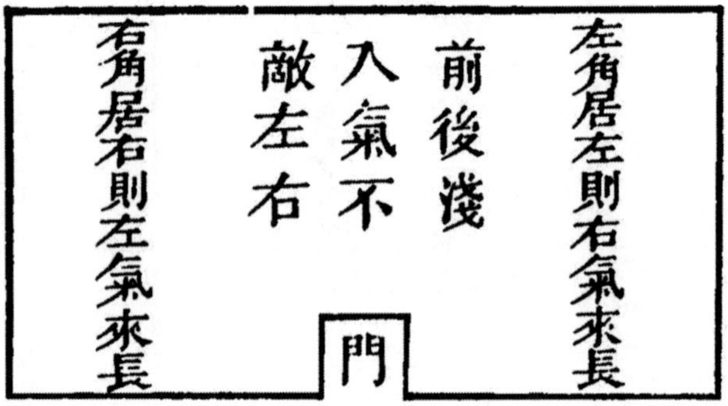

此式如門前餘地長大又無高屋遮攔則前氣爲重住在正間神后房多得門氣受門風斜長而來氣入較重如前無餘地朝屋高逼止重左右氣也

狹形前廳后房受前氣式

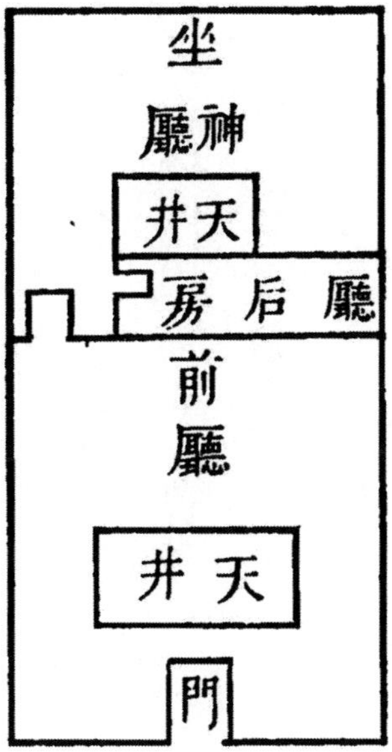

此式長而狹氣直進前廳后有房受前氣不受後天井氣因前有天井復有廳接氣直抵長而重雖后之天井貼近亦不能敵前氣也

長形直氣左右無氣式

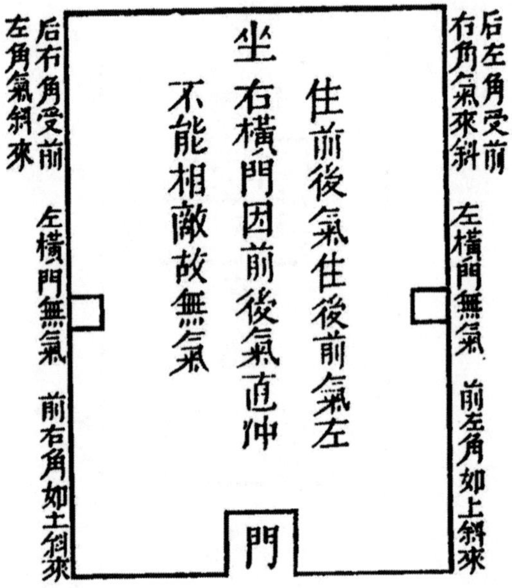

此式如正門前多餘地又無高攔入氣愈重前左右角住房所得屋內之氣不如后左右角房氣大也如正門前地窄對戶高迫左右橫門有一邊門前空虛又無遮閉則橫氣重於正氣如左虛前后右角房得氣重若右虛前后左角房得氣重謂之一邊得氣

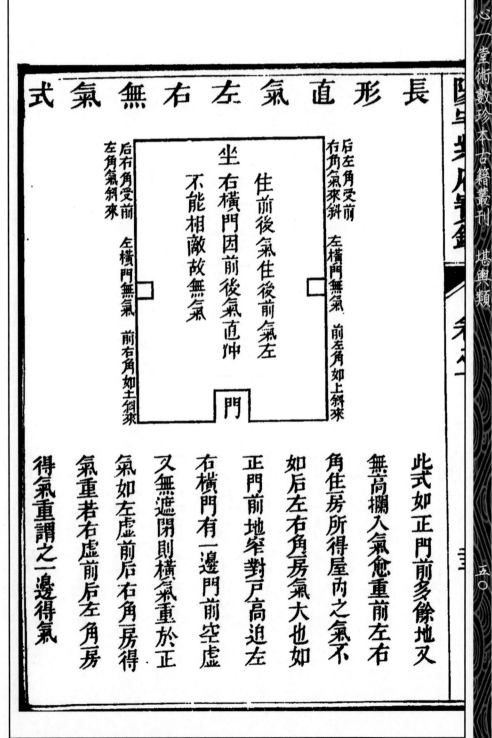

四正內變四隅式

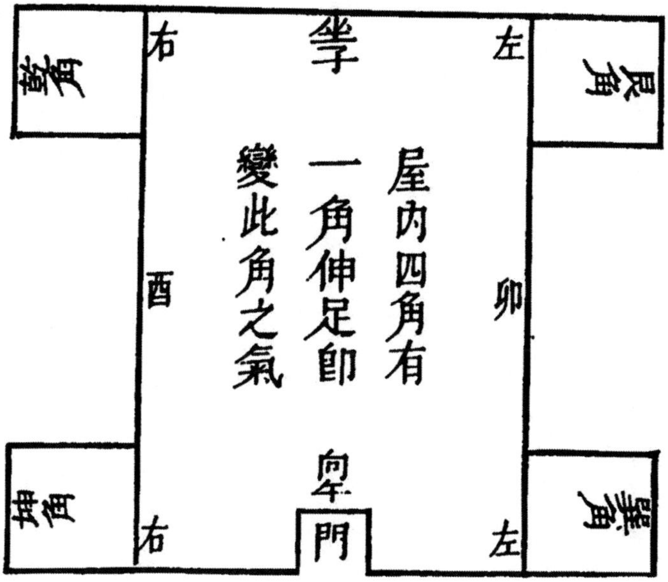

此形本子午卯酉四正開正門是招離氣如後右角添一屋則變乾氣後左角添一屋則變艮氣又如前左角添一屋則變巽氣前右角添一屋則變坤氣宅雖四正變爲四隅若四隅宅四正方添建如伸足者則四正又變四隅矣

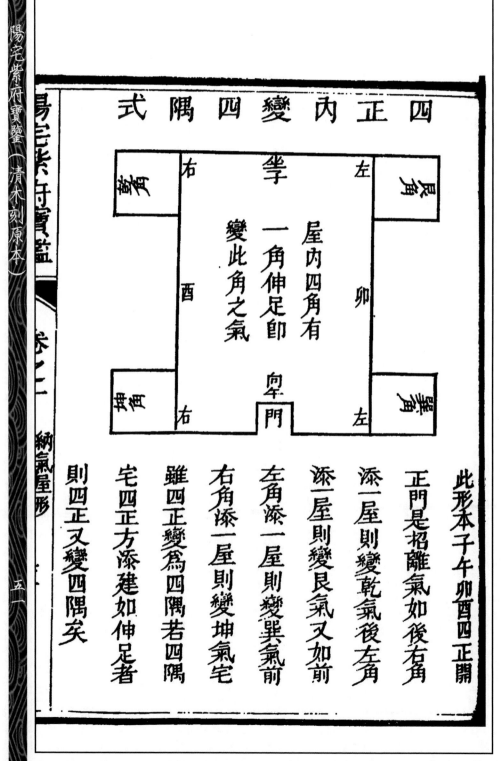

四正外輔四隅獨專式

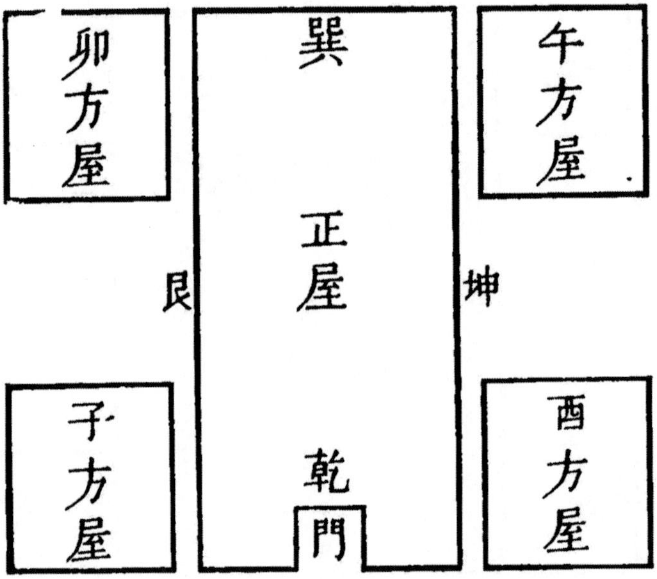

此屋方形八方皆有氣如四角有屋四正之氣不到四隅獨專正屋若四正四隅有屋四隅之氣不到四正又獨專也

傍山倚城迫水近路立局論 附水形納氣三式

立局趨氣之機傍山倚城乃一理山之嶂立與城隅之圍繞取局無異蓋山在南北局城在南亦北局二十四方總以對待作局也水與路則微異水分停蓄來去之別立局則不能定南水北局也停蓄之水四面取局當流來之水認其來處取局仍與山與城一樣若對去水則不能取局要看其去而復有無曲轉其曲轉之處用指南格定方能取局因水去氣來不能取對面無水方之局必要取其轉處也路有橫直

之分可能引氣亦能界氣橫路爲界氣對此立宅取局在後傍山倚城同例若直路爲引氣立宅對之路氣直入不能取宅後作局當以前路立局可也此數條會而思之立宅之能事思過半矣

圓池圍住收氣圖

圓池圍住八宅凡屋向池收宅背來氣屋背池收門向來氣如坐子收子氣向亦然二十四山倣此按圖為太極天地之氣皆為所生發福極大

去來水進退氣立局圖

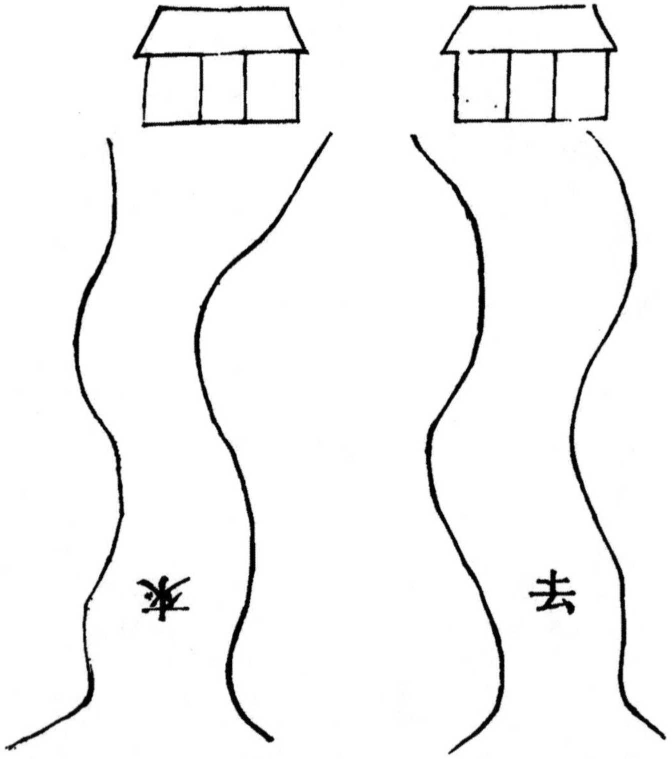

宅向去水氣進前局如山之迴龍結

宅向來水氣退後局如山之擁背龍結

嶠星遠照用法

嶠星如在一二百弓之外則不作迴生界煞論止論宅坐向用爲吉凶星宿以主禍福若坐向用爲吉星宅中開門放水如能合玄空大局或配四神則此嶠星爲我所納吉無疑矣若不會局與相配無甚關切如用爲凶星則凶遇年辰太歲三煞五黃戊己都天加臨立應禍害見卷內年月加臨調替生尅條

建宅本爲龍氣取用法

陽宅以龍爲重與陰地相同然但同中稍異耳陰地

在山作穴能乘一線之脈陽宅縱倚山傍龍亦必離煞坦陽方可建宅不能如山穴之乘脈也宅既坦陽安能用雙雙起之法以乘龍宜於合龍處建造高屋爲宅本此陽宅有異於陰地者細推其說不一一傍山之宅以山龍爲本與有正體峯巒秀麗朝拱適在坐宫合局龍氣之方又不用建高屋爲宅本要開門放水配局則吉矣一宅外得運處有大地坦長貼近要有屋在此地之前後左右夾住使氣不散專主入宅方是若只一段曠地無蓄則作飛白論則以此爲龍氣又不用建宅本或開門或放水合之另失

運合局處建輔屋相應亦吉一宅外有元運旺水在宜作宅本方朝來亦不用建宅本當於坐合卦之三方作用自應一現成之城隅橋樑池塘衢路井泉與他家之高屋樓房或秀茂大林竹木適在宅本方亦不用再建宅本開門放水相應亦可依此取用宅本之法得矣

宅有不能改造趨運救法小康論

宅之衰旺在乎運趨避之法得運方則開門放水疏通招引使吉氣入宅失運方則塞門改水開井建造

高屋高墻以擋之輔之能事畢矣然有他家樓房臺閣樹木適在旺方界我旺氣迴來煞風無何解救惟有對其方是我合運之方開渠放水要宅內外之水滙歸此水口去又於失運合局並水上三吉星挨至之方開深大井一口井以衰方爲旺愈深氣愈高他家既高非井不能擋井在宅墻外爲吉如在宅內開則井上要通天光使其井氣冲天高於他家樓房等類則又能界煞迎生到我宅也開井重挨星以我本坐之星翻至向分順逆挨當運三吉星臨井方更吉如坐子癸甲申貪狼是坐星翻向取當運三吉上元貪巨祿中元文廉武下元破輔弼有適當失運之方門前向正池塘爲煞水如水小或半遠不甚逼

宅則依法改門如上元與中元上一二三四向有池塘則改六七八九門使門上收當旺之水若中元下並下元六七八九向有池塘則改一二三四門使門上亦收本運之吉水此合洛書生成大數亦可小康如池塘過濶迫近而宅又小則宅氣爲水氣呑奪縱依法改門亦凶惟於合局之方玄空大卦局一四七二五八三六九取失運處或建高墻或開井以截煞次於得運方開明窗或大天窗外面一片拆通使有餘地以引氣倘住房能納之亦能小康存心救世者加之意歟

坐宮陽開陰闔星定例

壬子乙巳丙午　陽開在巳　陰闔在戌

癸丑巽未庚　陽開在酉　陰闔在寅

艮卯　陽開在巳　陰闔在子

寅甲辰坤申戌　陽開在亥　陰闔在辰

丁酉　陽開在午　陰闔在亥

乾亥辛　陽開在申　陰闔在辰

宅之陽開陰闔星本奇門九星開闔化成定例凡陽方有高大樓房端正拱照逐年太陽天喜到必

主生子如此方低陷或外冲射必不生子縱生難養如陰方有高照逐年太陰紅鸞到必生女如是方低陷房內黑暗則不生女縱生亦是虛花或將其方修改明淨俟年辰太陽到合丈尺高低造一天燈或移房安牀三合其方並牀枕年星白碧與天喜到房牀夾生子無疑其驗萬不一爽得此不忍自秘願以公世實體天地好生之德欲廣嗣者宜珍之

中火二星定例

壬中壬火酉　子中壬火辛　癸中亥火戌　丑中乾火乾

艮中壬辛火戌亥　寅中酉火壬　甲中庚火子　卯中庚火癸

乙中申火丑　辰中艮火坤　巽中未寅火丁甲　巳中午火甲

丙中丙火卯　午中丙火乙　丁中巳火辰　未中巽火巽

坤中辰巳火乙丙　申中卯火丙　庚中甲火午　酉中甲火午

辛中寅火未　戌中艮火坤　乾中申庚火丑癸　亥中子火庚

中火二星主發貴得祿訣曰中星不起官不顯火星不起祿不豐得官而難陞遷又宦囊消條者此也此例數見市本人用之有驗不驗者何也因不能與坐向會局相

配又不知在得運方宜遠在失運方宜近之故星
雖吉而不驗也蔣公云星隨運變蓋此謂也
向上管局九星定例
子午寅申辰戌六向是武曲管局
丑未卯酉巳亥六向是巨門管局
巽庚丁壬坤五向是破軍管局
甲癸艮辛四向是廉貞管局
乾丙二向是貪狼管局
乙一向是祿存管局

此例係向上管局九星非用以收放水之來去專謂宅向上得貪巨武三吉如有端正高大樓房或有來水正直外堂此爲恩星朝拱必然發福久遠得運時貴者愈貴失運亦不大害若向上房屋反低陷斜歪此爲吉星失令亦不發福若是破祿文廉在向上或水直到內堂必主人丁不旺財產陰消遇失運時凶者愈凶凡年遇吉神降臨貪巨武向上必主喜事重重若太歲都天三煞加臨不動作不爲灾若向是破祿文廉則凶矣

太歲加貴人催科神驗圖

庚午 己卯 戊子 丁酉 四綠 丙午 乙卯 甲子 癸酉	壬申 辛巳 庚寅 己亥 五黃 戊申 丁巳 丙寅 乙亥	乙丑 甲戌 癸未 壬辰 六白 辛丑 庚戌 己未 戊辰
戊辰 丁丑 丙戌 乙未 三碧 甲辰 癸丑 壬戌 辛未		丁卯 丙子 乙酉 甲午 七赤 癸卯 壬子 辛酉 庚午
丙寅 乙亥 甲申 癸巳 二黑 壬寅 辛亥 庚申 己巳		己巳 戊寅 丁亥 丙申 八白 乙巳 甲寅 癸亥 壬申
甲子 癸酉 壬午 辛卯 一白 庚子 己酉 戊午 丁卯		辛未 庚辰 己丑 戊戌 九紫 丁未 丙辰 乙丑 甲戌

右圖以洛書生成大數輪佈渾天凡太歲值科

年而得與貴人同宮以之點天燈催科決應然是法雖神合者甚罕可知天道之難逢也凡用催一人即看其人命中太陽科名魁星文星與命垣恩用諸吉臨燈方或臨命度則應此人若催一方即看擇日造命之恩用貴星照燈方則應一方用者宜取余所刊太陽選擇全表首卷考之又如癸酉年點巳燈丙子年點酉燈均驗即此可以類取至燈竿之高低以燈火將平正屋脊面為合然亦要尺寸之合吉數乃應也

八卦分東西四宅說

易有太極生兩儀陽儀生太陽太陽生乾一爲父生兌二爲少女陽儀又生少陰少陰生震四爲長男生離三爲中女陰儀生太陰太陰生坤八爲母生艮七爲少男陰儀又生少陽少陽生巽五爲長女生坎六爲中男故以太陽所生之乾一兌二太陰所生之艮七坤八合爲西四宅以少陰所生之離三震四少陽所生之巽五坎六合爲東四宅是東西兩卦各品太少之氣不可混雜在本宅四卦之內互用皆得吉星

東西混雜即得凶星此分界所以要清也看下入宅

遊年圖自識

入宅遊年圖

	乾	坎	艮	震	巽	離	坤	兌
乾	伏	六	天	五	禍	絕	延	生
坎	六	伏	五	天	生	延	絕	禍
艮	天	五	伏	六	絕	禍	生	延
震	五	天	六	伏	延	生	禍	絕
巽	禍	生	絕	延	伏	天	五	六

離絕 延 禍 生 天 伏 六 五

坤延 絕 生 禍 五 六 伏 天

兌生 禍 延 絕 六 五 天 伏

右圖合宅者必得吉星不合宅者必得凶星然圖

雖八句甚難熟記惟撮其捷者爲易先識畫卦乾三連坤六斷艮覆碗震仰盂離中虛坎中滿兌上缺巽下斷次念熟乾伏六天五

禍絕延生一句知變上一爻爲生炁貪狼木變上

二爻爲五鬼廉貞火變下一爻爲禍害祿存土變

下二爻爲天醫巨門土變中一爻爲絕命破軍金

變上下二爻爲六煞文曲水三爻俱變爲延年武

曲金三爻不變爲伏位輔弼木如乾變上一爻是

兌爲貪兌變上一爻是乾亦爲貪餘可類推矣

男女命卦配宅卦例

上元甲子男命起坎一宮逆取　女命起中五順取

中元甲子男命起巽四宮逆取　女命起坤二順取

下元甲子男命起兌七宮逆取　女命起艮八順取

隨六十花甲子一花甲一宮從九宮掌輪至本生

年花甲止看在何宮以所在之宮卽命卦如上元

生男甲子起一宮乙丑在九宮是離命上元甲子生
女甲子起中五乙丑在六宮是乾命六十花甲照例
輪取但男命在中五作坤女命在中五作艮又不
論男女命在乾坤艮兌爲西四命坎離震巽爲東
四命至上中下元年期記卷內三元九宮衰旺總
說條末可考男女命宮既定卽照上遊年圖而知
命宮之吉凶星所宜所忌各六事矣但命有命卦
宅有宅卦多有不能並合宜以命卦論住房卧牀
與灶口灶座四者餘內外各事當以宅卦論之爲

合八宅明鏡相宅新篇等書言之詳矣不用贅述

卷一終

陽宅紫府寶鑑卷之二

高明劉文瀾墨池著
男伯陽復元校
門人張作哲珠崖刋

宅圖一十八局

坎宅左城門七一四天元順局之圖

少陽所坐東卦八宅九星同佈各方所列主生男女發尊貴得厚祿並宅煞當忌吉星所應年期已下各順局開入逆局不贅也

上元全中元上行此大門並遠建應星兼放水 九紫財方 巳巽辰 魁星 (坎煞) 生氣 下元中元上開食井上元中元下塡復	下元行正門上元宜閉 (向) 五黃關方 丙午丁 延年	上元或借此放水下元塞復 七赤生方 申坤未 絕命
八白煞方 甲卯乙 天醫	一白入中 五黃中	上元近建宅本下元遠並放水癸宅酉方高子申生子 三碧退方 庚酉辛 (離煞) 禍害 壬宅酉方高祿厚子宅辛方高同斷
壬子宅寅杀方癸宅寅方高申亥年生女 四綠退方 丑艮寅 五鬼 本宮不論元但內暗煞遮主見鬼祟	上元宜居空下元宜有寔 六白生方 壬子癸 伏位 (坐) 壬宅壬方高發官尊	癸宅戌煞方忌門六事 二黑煞方 戌乾亥 六煞 壬子宅戌方高未巳年生女

右圖坎宅天元順局乘兌宮龍氣傍山落脈宜乘辛酉氣忌庚酉
單庚或挨申亦吉如無龍氣遠在百步已外建高屋為宅本高正
屋九寸或尺八寸並放水凡放水擇合卦方位行正門門外宜餘地遠有端正屋
朝惟丁向不宜次貼近建高屋在巽宮為應星低宅本五寸與
開食井此佈成七一四局為下元旺宅內分東西命住房灶
向至換元時先將兌方宅本折改貼近建回次將
巽方應星改建百弓外高低如舊並改行此方大門門對
應星返迴之氣力厚連放水或借庫放坤水與開食井衰旺又為之
一變上元暨中元上三十年居之鴻發矣

按吉星在方凡三元皆可建造樓宇惟在本元宜遠不能界生迴煞失元宜近爲輔弼擋煞以遠近二法通變甚活以下各局倣此本局得坎離水火正合惟不能宅向宅本應位相配故發福未免不如逆局之大且厚矣至分房趨運當依法取用也如中元上居乾角房次居兌納大門巽氣屋上形長兌方合元居震方宅本迫近返迴東氣入房下元居正房受大門離氣專隨元運以別吉凶移宮換氣以趨吉其捷如響所謂一步一星隨地變在人仔細辨天心耳

坎宅右城門四一七天元逆局之圖

八宅九星並陰陽官祿煞方如上

上元開貪井 巳巽辰 （離炁） 上元中元上行門放水	（向） 下元宜行正門 丁午丙	上元借庫放本宮水 申坤未
甲卯乙	一白入中 五黃中	下元放本宮水 上元開貪井 庚酉辛 （坎炁）
本宮決要光明潔淨 丑艮寅	壬子癸 （坐）	戌乾亥

右圖坎宅天元逆局乘巽宮龍氣傍山落脈宜乘辰巽氣忌巽巳單巳或挨丙亦吉如無龍氣遠建高屋爲宅本並開井放水放巳不犯空位或借庫放坤宮行巽方大門吸宅本返迴之氣次於兌宮貼近建高屋爲應星又名輔弼此佈成四一七局上元與中元上皆稱吉宅至元運一轉卽閉巽門開行正門將巽宮宅本改建貼近兌宮之應星拆除改作放水或開明窓引氣此又下元之盛宅矣

按此宅不惟合局且配天澤雷風水火化機之

妙所謂三元不替之福基上元居兌方右貼應星東震氣入房坎居震西對高屋震氣有力中元上居乾受巽門氣力專下元居正房又是受門氣趨避由人之變換則大宅盡為陽春矣

坤宅左城門五二八人元順局之圖

		太陰所生西 卦八宅九星 同佈
坤申宅子方煞 七赤退方 癸子壬 絕命 上元行此大門	未宅寅方高屋丑亥年生女 寅艮丑 （坎 煞） 生氣 五黃關方（向） 下元行正門左邊門角放 水開渠引離方去	坤申宅乙方高發顯官厚 祿下元建高屋兼開貪井 九紫生氣 乙卯甲 禍害 上元拆除本方高屋兼貪井
坤申宅亥方高未戌年生子 三碧煞方 亥乾戌 延年 下元中元下開橫門或明窓	二黑入中 五黃中 （離 煞） 中宮宜高前后五寸	未宅巽方高發尊官厚祿坤宅辰 巳高發顯官坤申宅辰高未亥年 生女未宅辰戌煞方忌開方事 一白財方魁星 辰巽巳 五鬼 上元中元上開巽橫門或開明窓
未宅酉方高申子年生子 四綠煞煞 庚酉辛 天醫 上元宜建高屋下元不宜有[illegible]墻	上元后宜空下元宜實 八白旺方 未坤申 伏位 （坐）	坤申宅丙方高得厚祿下 元開明窓 六白善曜 丙午丁 六煞 下元週身宅外水引灌此上元吉發

右圖坤宅左城門人元順局要中宮高於前后層
五寸（如一二座春上照艮宮作用）爲龍神以袖領入方上元以
坐爲重統一七四局符天澤雷火之配后宜作斗
底或護墻左行子癸大門又開巽宮橫門如限地
開明窗次兌宮近建高屋爲輔星兼墻外開食井
是一四七局中元上上元全大發至改元又以向
爲重宜塞坎門行正門擇丑方放水隨向離宮開
明窗通氣宅內外週身之水開明溝滙歸本宮總
去爻在震宮近建弼星並開食井又次開橫門於

乾宮如不能卽開明窗改元閉去此宮位改移又換作九三六局以向上所統中元下下元全吉宅矣

按本局用法與艮宅隨坐向以趨元皆賴中宮爲龍氣以統領一切上元居離角受大門氣與兌受房后高屋並食井兠轉震炁中元上任乾方受巽橫門或明窗氣下元居正房受正門氣與兌房受震高屋兠轉兌氣中元下居巽受乾橫門或明窗氣逆局倣用

坤宅右城門八二五人元逆局之圖

八宮九星並陰陽官祿煞方如上

上元行門坐坤申忌行子 壬子癸	上元開正門並塞放水 向 丑艮寅 離煞 下元行正門放丑水	甲卯乙
下元中元下開橫門或明窗 戌乾亥	二黑入中 中黃五 坎煞 中宮宜高前居五寸	巳巽辰
上元牆外開食井 辛酉庚 上元近建高屋	申坤未 坐	丁午丙

下元貼近建高屋爲右弼兼開食井

上元中元上放水兼開橫門或明窗

下元開明窗或百步之外建高屋

右圖坤宅右城門逆局既以中宮爲重而在上元則更重乎坐以統七四一之局首在兌宮建高屋貼近宅身爲左輔下元並開食井次在巽宮開橫門或開明窓並放水又次行子癸大門惟坐坤則申忌子合局矣上元全中元上九十年大發也運轉其重又在向上卽宜改行正門放丑位水爲主隨于震方貼近宅身建高屋爲右弼宿兼開食井次于乾宮開橫門或開明窓又於離方百步巳外建高屋返迴旺氣內開明窓相對以接引之則向之三六

九局又佈成矣下元與中元下九十年興隆弗替

矣

按無正門則坐爲重正門旣開則向爲尊故分

二元以作用湊合天心卽可以福人也分房引氣趨運

與順局同

震宅左城門六三九地元順局之圖

		少陰所生東卦入宅九星同佈
上元行此大門並放水 善曜 九紫 申坤未 禍害 乙宅未高發顯宦	甲宅庚方高發官貴 向 關方 五黃 辛酉庚 絕命 建朝星 下元行正門上元塞此門	乙宅戌方高未辰年生達學 甲宅亥方高酉亥年生子 旺方 四綠 亥乾戌 離煞 五鬼 乙宅戌方宅煞 上元近建宅本下元改遠
上元開本宮食井 煞方 七赤 丁午丙 坎煞 生氣 下元本宮開橫門並放水	入中 三碧 五黃中	甲卯宅子癸方高得厚祿 魁星 財方 八白 壬子癸 天醫 上元放本宮水
乙宅辰方煞宅煞 死氣 二黑 辰巽巳 延年 甲宅辰方高丑亥年生女 乙卯宅巳方高辰年生子學	下元后高宜有斗底 生方 一白 甲卯乙 伏位 坐 上元后宜空虛	甲乙宅寅煞方忌六事門 煞方 六白 丑艮寅 六煞 乙宅丑方高主厚祿

右圖震宅地元順局乘乾宮龍氣傍山有龍者乾戌氣忌乾亥單亥挨壬亦吉如無龍氣貼近建高屋代龍氣爲宅本行坤申大門與向上合洛書生成大數又合雷風相配借庫放未位水門離宮食井佈成六三九局上元全中元上三十年居此大發至交運時又宜拆乾方高屋遠百步已外建回開明窓對高屋接返迴之乾氣放離宮水並開橫門塞坤門開作食井行兌宮正門下元與中元下共九十年大旺之宅矣

按六九兩宮同旺故運至下元與中元下乾宮

之高屋不能除去惟離遠建回以適能返乾氣舒徐到宅又有明窗接引最爲力重上元住艮房受大門坤氣中元全六十年俱住巽角中元上三十年接宅本塊轉之巽氣中元下三十年宅本遠且有窗引氣居此盡受乾氣矣下元離宮有橫門居坎方與住正房受正門氣此分房各獲其吉矣

震宅右城門九三六地元逆局之圖

八宅九星並陰陽官祿煞方如上

申坤未 上元行此大門並放水 下元塞門改水開食井	向 辛酉庚	亥乾戌 坎煞 上元中元上近建高屋爲應星下元折去開明窗 下元放本宮水坐甲不宜放乾亥
丁午丙 離煞 上元貼近建高屋爲宅本並開食井 下元折改百己外	三碧入中 五黃中	壬子癸
辰巽己	上元宜后低 甲卯乙 下元宜后高 坐	丑艮寅

右圖震宅地元逆局乘離宮龍氣（傍山有龍落者乘午丁氣吉忌丙午單丙換巳亦吉）如無龍氣貼近建高屋爲宅本並開食井次放乾宮建高應星照宅（應星低宅本五寸）行坤大門放未位水（卯宅忌放坤申）行門與向合生成大數放水則名借庫（陰地借庫發不長久陽基換元即改合用）此建成九三六大局上元全中元上居之大發至更元運即將離方宅本建遠三百步已外又拆乾方應星（不用建回亦可如要再建）又宜遠出百步已外開大明窻於此方通氣閉坤門並開食井改行正門下元居此大旺矣

按本宅既合三大卦局並九六兩官與向上陰陽對待交媾如環則天地之化機盡兆於此眞三元不替之宅也若分房則上元居艮受大門氣與坎受宅本兌轉之坎氣中元全居巽上三十年乾應星兌轉巽氣下三十年折應星開明窓通氣下元居正房均合趨元就運矣

巽宅左城門一四七天元順局之圖

少陽所生
東卦八宅
九星同佈

上元貼近建高屋為應星並開食井巽宅酉方高卑年生子 六白 煞方 辛 酉 庚 (坎 煞) 六煞 一下元折應星不建復改作大門並放水	中元下行正門三十年大旺 (向) 五黃 關方 亥 乾 戌 禍害 辰宅亥方高戌年生子巳宅戌高未巳年生女	上元百老宅外建屋高宅五寸為宅本並開大門接氣兼放水 九紫 善曜 癸 子 壬 (離 煞) 生氣 下元宅本建近寨高填築又開作食井
巽宅未方高發官貴 一白 生方 申 坤 未 辰宅坤方高主厚祿	四綠 入中 五 黃 中	辰宅艮方高發顯官 七赤 煞方 丑 艮 寅 絕命 巽宅寅方高發貴亥丑年妻
巽巳宅午丁方高發顯官得厚祿 八白 財方 魁星 丙 午 丁 天醫 又午方為煞忌大事者高出一樣鄰富民顯官	辰宅辰高為煞亥寅年生女醜惡亂宅家 三碧 旺方 辰 巽 巳 伏位 (坐) 巳宅辰高辰年生子	巳宅甲方高主得厚祿 三黑 死氣 甲 卯 乙 延年

右圖巽宅天元順局乘坎宮龍氣傍山有龍者乘子癸氣吉忌壬子單壬捸亥亦吉如無龍氣即宜遠在百步已外建高屋爲宅本復開大門以對之椄返迴之旺氣并放水放水擇合卦方自不犯空位次於兌方貼近建左輔應星兼開食井與坐家一四七局上元之福宅也換元急將坎方屋拆建貼近開大門行兌宮此方高屋拆去不用塡食井改開坎宮天井水並放本宮下元合吉中元下三十年行正門亦合正運轉移之間元繼旺所謂天根月窟頻來往三十六宮都是春也

按坎離二氣盤桓於天地之間其氣一交而成乎乾成乎坤也山川本此氣以生萬物陽基更賴此氣以定興衰茲本局四宮爲坐乃乘一宮離氣爲宅本用七宮坎氣爲應星此一局中二氣相鑄故坎宜建屋以存形接氣又不可無應星以輔佐成局更事遠近一法以爲趨避之原若兌已有行門放水引氣歸宅矣下元可以除應星而不用各房居住上元住離角（大門接迴宅本坎氣力專而大）與震角（受兌應星兜轉之震氣上元下二十年大旺）中元下住

正房下元亦佳離角受宅本貼近兌轉離氣智者隨元擇
用爲要也

巽宅右城門七四一天元逆局之圖

八宅九星並陰陽官祿煞方如上

下元遠建高屋爲宅本開大門接氣並放水 辛酉庚 離孫 上元塞門折宅本貼近建回並開合井	向 中元下行正門 亥乾戌	上元行此大門兼放水 癸子壬 伏氣 下元貼近建高屋爲應星並開貪井
申坤未	四綠入中 五黃中	丑艮寅
丙午丁	上元中元上宜后低空換元宜高貝貴 辰巽巳 坐	甲卯乙

右圖巽宅天元逆局乘兌宮龍氣傍山有龍落者乘辛酉氣吉忌庚酉兼庚挨申亦吉如無龍氣卽在本宮貼近建高屋爲宅本並開食井行坎宮大門連放水向上有端正大屋朝拱更吉合洛書生成大數此七四一局上元居之興發難量至交運時兌宮宅本折建百步已外開大門向之挨返迴兌氣塞舊井改開坎位又於坎方貼近建高屋爲應星反覆變換又爲下元吉宅矣

挨本局宅本合宅向宅向合門水上元七宮宅本貼近爲主

一宮門水爲應下元七宮門水與宅本在遠返迴之氣爲龍又爲主坎宮近建高屋爲應星爲右弼並食井取水氣棲天旺氣及宅此相配之妙氣長而大三元大旺而不替也上元居離角受大門氣下元亦合受貼近應星坎轉離氣上元又居震角受宅本貼近並食井坎轉震氣下元均吉宅本建遠大門棲氣入震角中元下三十年住正房受大門氣一宅之中方方有元運所主隨人趨避之耳

中五宅二五八人元順局之圖

土府局

上元本方不宜建高屋要樓身週圍水滙此去 二黑 申坤未 西命人住房 並灶口向方 上元本方建高屋爲輔相應	九紫 丁午丙 東命人住房 並灶口向方	四綠 巳巽辰 東命人住房 並灶口向方
七赤 庚酉辛 西命人住房 並灶口向方	皇極 五黃中 每層自分八方爲子孫東西分分房居住	三碧 乙卯甲 東命人住房 並灶口向方
六白 戌乾亥 西命人住房 宜灶口向方	一白 壬子癸 東命人住房 並灶口向方	上元本方建高屋爲輔星相應 八白 丑艮寅 西命人住房 並灶口向方 下元不用輔星只要樓週圍水滙此去

右圖本局乃樓之宅土府同其用不論坐向乃九宮之宗主入宅之統領坐向雖有二十四方門戶開啟雖是進氣但其獨崇一方必賴二入兩宮順逆以成局故樓居首言輔星趨運之法下則重門上則重明窗與天窗為引氣若點層間與屋有別屋則自門至坐此則自下至上點去地為第一層以一二三四自下至上論吉凶餘無他法

中五宅五二八人元逆局之圖

土府局同

換元如法開井 四綠 巳巽辰 門向本宮中元上元全不用作法前空為上	九紫 丁午丙 門向本宮下元不用作法上元如法開太平井	上元不用有屋只將橫身週身之水開明溝滙去秀方 二黑 申坤未 門向本方上元不用作法下元如法開井 下元本方建高屋為輔星相應
下元如法開深大井 三碧 乙卯甲 門向本宮上元不用作法只要餘地廣	皇極 五黃中 每開每發神后房恐發神位坐中宮為犯五黃大煞極各營安神附	門向本宮下元不用作法要餘地明淨 七赤 庚酉辛 上元如法開太平井
上元本方建高屋為輔星相應 八白 丑艮寅 門向此下元不用作法上元如法開井 下元不用輔星只要橫身週圍之水開明溝滙去本方	門向本宮下元離門丈八巳丙當中開深大太平井 一白 壬子癸 上元不用只要餘地寬闊	門向本宮中元下下[illegible]宜餘地寬闊 六白 戌乾亥 換元宜在門外如法開井

右圖中五局順逆不在外局城門取用蓋取重於
上下二元之放水是自爲城門也上元放坤水二
五入局艮方建屋爲應下元放艮水入五二局坤
方建高屋爲應而二十四向趨運擋煞以開明窻
與開太平井二法其用畢矣
按三層爲樓二層爲土府法雖無二然開井擋
煞遇土府則約深丈入樓則要深二丈七尺之
間爲合因井愈深而氣愈高水光接天放能擋
煞兼迴吉氣也

乾宅左城門九六三地元順局之圖

太陽所生
西卦八宅
九星同佈

上元放水或作大門下元開 食井並塞水閉門 四綠 死煞 乙卯甲 坎 煞 五鬼 乾亥宅甲方高寅午上半年生子	中元上元行大門 五黃 向 關方 巳巽辰 禍害 戌乾亥宅辰方高丑亥年生	下元百步巳外建高屋為 宅本上元折改貼近並門 一白 魁星 善曜 丁午丙 離 死煞 絕命 乾亥宅午方宅煞忌六事門
下元借庫放水或開橫門 九紫 煞方 寅艮丑 天醫 乾戌宅艮寅方高發尊官厚祿	六白 入中 五黃中	戌乾宅坤申方高發官祿 三碧 死煞 未坤申 延年
二黑 生方 壬子癸 六煞 乾亥宅子癸方高顯官得厚祿	中元下下元坐后宜虛換 元宜高實 七赤 旺煞 戌乾亥 伏位 坐 戌宅亥方高戌年決生子	乾亥宅庚方高發官祿 八白 生方 庚酉辛 生氣

右圖乾宅左城門順局離宮爲龍氣有龍乘龍乘午丁氣吉忌丙午單丙或挨已亦吉無龍貼近建高屋爲宅本並開食井行正大門次放震宮水上元六十年丙亦宜本宮開門中元上三十年行正門爲妙此佈成九六三局是上元之大旺宅矣中元上同若元運變換宜折巽方宅本遠建百步已外開大門以對之接返迴之離氣次開食井於震方借艮宮放水或開橫門於其方變爲下元吉宅矣中元下同

按離爲先天之乾震爲先天之離脈絡相貫氣

屬一家作用依此故為吉宅然分房各有妙處所謂一步一星隨地變也上元居兌行震巽大門引至兌方俱旺氣居坤亦吉行震巽門均合中元上居正房受向下上氣下元居坎受大門氣居艮亦合要宅形畧長受離氣足盡在人之能用耳

乾宅右城門三六九地元逆局之圖

八宅九星並陰陽官祿煞方如上

上元百步已外建高屋爲宅本更門明窓樓氣並放水 乙卯甲 離煞 下元塡水塞窓折宅本建節近並開食井	向 上元中元上行正門 巳巽辰	下元行此大門門前百步已外建高屋爲應星門邊放水 丁午丙 坎煞 上元開食井並折應星建近宅邊
下元借庫放水並開橫門 寅艮丑	六白入中 五黃中	未坤申
壬子癸	戌乾亥 坐	庚酉辛

右圖乾宅右城門逆局乘震宮龍氣傍山有龍者乘乙卯吉忌甲卯單甲或挨寅亦吉如無龍建高屋在百步已外爲宅本更開明窓接氣並放水行正門或行震大門俱合開食井於離再此方貼近建高屋爲應星是三九六之局佈成矣上元居此宅不大發乎至大運一變速折宅本貼近建回改開食井於此次塞正門行離宮大門前百步已外建高屋爲應星門邊宜放水若放艮方名借庫亦吉更開橫門則兩門之氣盡屬一元下元眞大福宅也

按本宅住房上元居兌中元居正下元居坎故
旺然上元居坤之旺又不若下元時更旺也下元
開艮橫門且得水口引來之又離方大門
之氣撞墻冲動是收兩旺此吉之極也

兌宅左城門四七一天元順局之圖

太陽所生
西卦八宅
九星同佈

下元行此門上元塞去上元開倉井 下元填去改放水辛宅寅位高發科顯官 一白 善曜 寅艮丑 延年 庚酉宅寅方煞忌吳事酉宅此方高 丑亥年生女此酉方高必出醜妻	上元行此門下元閉改欄墻 （向）五黃 陽方 乙卯甲 絕命 辛宅甲方向寅年午年生子庚 酉宅此方高發科官	上元中元上百步巳外建高屋煞兼 兼宅身助明窓引氣 六白 旺方 巳巽辰 （離煞） 六煞 下元中元下開窓析宅亦建近兼 閑員兼宅煞高丑亥年生子兼宅煞方
三碧 死煞 癸子壬 （坎煞） 禍害 上元放水並百步巳外建高屋為 應星下元拆去	七赤 入中 五黃中	庚酉宅午方高得厚祿酉宅亦 巳年生子 二黑 生煞 丁午丙 五鬼
八白 生方 戌乾辛 生煞 酉宅亥方高午辰年生子	上元坐居宜多高屋宜實下元 虛 九紫 煞方 庚酉辛 伏位 （坐） 坐庚酉高丁申年生子	辛宅未高得厚祿 四綠 死方 未坤申 天醫

陽宅紫府寶鑑　卷之三　兌宅順圖　七

右圖兌宅左城門順局宅右角巽宮爲龍氣即離炁又宅本之方如本宮有龍落即要乘氣傍山乘辛酉氣吉忌庚酉單庚或挨申方吉若無龍即遠建高屋爲宅本屋身開明窻相對接返迴之氣行正大門放坎宮水更於百步已外建高屋爲應星開艮宮食井各借旺又合生成數此佈成四七一局並借食旺水上元大發之宅中元上同逢改元運即將巽宮宅本折改近建近能檔煞並閉明窻開本宮食井次閉正門改行艮方塡去食井向此擇合卦位放水又拆坎宮應星貼近建復依此更換

而氣機又是下元旺宅（中元下三十年同）

按有巽坎二屋夾宅（當運百步已外失元貼近宅身）則氣從門入獨專中元上房住乾方（受巽窓引迴之氣）上元住正房（受大門正氣）並離方（受應星返迴與水口引來二氣）下元住坤房（受大門引來氣）又住坎（受應星界煞迎生專炁）中元上三十年住巽房（受宅本界煞迎生專氣）皆得大發也

兑宅右城門天元一七四逆局之圖

八宅九星並陰陽官祿煞方如上

上元關貪井 下元行門並放水上元塞去 寅艮丑	上元行正門下元改艮 （向） 乙卯甲	上元中元上百步外建高屋為應星下元近 下元中元下開貪井換元塞去 巳巽辰 （坎炁）
下元折近塞水 上元建高屋在百步外為宅本並放水 壬子癸 （離炁）	七赤入中 五黃中	丁午丙
戌乾亥	伏位 庚酉辛 （坐）	未坤申

右圖兌宅右城門逆局宅左坎宮爲龍炁如本宮有龍氣落者要認眞乘氣傍山乘子癸氣吉忌壬子單工挨亥亦吉若無龍乘氣宜近處建高屋爲宅本屋身開明窻接返迴之氣並放水行正門食艮井次於巽宮百步已外建高屋爲應星佈成一七四局上元居此爲吉宅中元上同當元運換時塞正門改行艮官首將坎方宅本拆建貼近並塞舊放水次折巽方應星近宅身建復連在本宮開食井又是下元吉宅也中元下三十年同

按本局宅本會坐宅坐宅會應星三宮一卦而宅向震宮又得宅本配之而向復配應星天澤雷火之氣盡兆於此居之寧不三元不替乎元運住房與順局同

艮宅左城門二八五八元八順局之圖

太陰所生
西卦八宅
九星同佈

下元行此方大門 三碧煞方 丁午丙 禍害	上元行正門下元閉去 （向）五黃關方 未坤申 （離煞） 生氣	上元建高屋為應星兼開食井 一白財方 魁星 辛酉庚 延年 丑宅酉方高申子年生子艮寅宅辛酉方高發尊貴
上元中元上放水 七赤退方 巳巽辰 絕命 寅宅辰方高丑亥生女艮宅巳方高辰年生子	八白入中 五黃中 （坎煞） 水宜高於前後寸	下元中元下放水或開橫門或開明窗寅宅亥方高戌年生子 九紫生氣 亥乾戌 天醫 艮丑宅乾亥方高發顯宜厚祿 丑宅煞方
下元本宮貼近建高屋 六白善曜 甲卯乙 六煞 下元在本方牆外開食井	上元后宜高下元宜空 二黑旺方 丑艮寅 伏位（坐） 丑宅寅方高亥丑年生女	艮寅宅壬方高發顯宜厚祿子方高卯酉年生女亂家 四綠煞方 壬子癸 五鬼 上元本方宜通氣

右圖艮宅左城門人元順局中宮宜高前後座五寸以收八方之氣如屋止一座或二座則無中座爲中五要於正座樑春上中間以黃色灰結一四方印以象皇極橫直一尺高五寸取合二五之數也凡上元重門向統一四七局配天澤雷火之化機首開向上大門宜餘地並遠水遠山則來氣入宅長而厚或對面有高屋重疊層層昌拜而下更爲上格前屋昌拜氣從高而下其力厚此爲宅本深厚也次在坎宮開窓通其氣又次放巽宮水坐艮丑放辰巽水坐寅放巳水凡二十四山俱要天放天元地要放地元入放人元再次於兌方貼近宅邊建高屋爲應星又爲右弼成向上一四七局

上元之最吉宅也若元運一換又以坐爲重急閉
正門改行離門次改放乾水又次在震宮貼近建
高屋爲應星（又爲左輔）成爲坐家九六三局下元興旺
無涯矣
按二八統五成局賴黃極之氣以袖領八方運
至向則以向爲用向自有統領之局運至坐則
以坐爲統領亦自有坐統配之局皆本元運以
括乎先天陰陽對待之妙至房牀趨運上元住
正房（受正門氣）與震角（受兌方應星並井返迴震氣）與離角（受坎方窗）

氣下元閉窓住坎角受大門離氣及震角受本宮高屋並墻外井兠

迴兌中元下三十年住巽房為大旺受橫門並放水引回之乾氣

氣更得命卦東西配合眞為全美矣

艮宅右城門五八二入元逆局之圖

八宅九星並
陰陽官祿煞
方如上

下元行此大門 丙午丁	上元向上樑門邊合卦字位放水 向 未坤申 煞坎 上元行正門	下元借本宮放水 庚酉辛 上元開貪井
辰巽巳	八白入中 中黃五 煞離 中宮高於後屋寺	戌乾亥 下元中元下或開橫門朋煞
下元宅外開貪井 乙卯甲	下元建高屋貼近爲宅本 丑艮寅 坐 上元作后牛底或護墻宜高近	癸子壬

右圖艮宅右城門人元逆局此以中宮爲宅本自成五八二局不同統局也中五比上順局較重脊上如式造方印謹以五年一修並中宮掛紅上元行正門擇門邊合卦字位放水開暗溝引歸坎宮去食兌宮井合洛書生成大數座后宜作斗底並護墻衞后上元此宅大發至換下元又重坐家八宮統三六九局即折淸後護先建震宮高屋爲借宅本並此方屋外開食井宜合坐家三卦字位坎放六宮水亦以合天地人各卦內又坎閉正門開離方大門則坐家之局成矣七八九之正運固旺六宮雙卦同氣

亦稱並旺矣

按順局貼運在向言向在坐論坐皆以統局爲主本逆局上元行正門則中五自然之配惟下元以坐當權則應重在坐之統局也此宅運所謂一卦止得一卦之用上元利正房（受正門氣）餘則隨宅形區濶狹長以定耳

離宅左城門三九六地元順局之圖

少陰所生
東卦八宅
九星同佈

上元中元上借方開井易元塞害
上元遠建高屋為宅本並放水元
丙午宅巳方高辰年生子

上元下元近建高屋為廉星換元 改建百芭外並作大門 一白 煞方 亥乾戌 坎 煞 絕命 丙午宅戌方高未巳年生女丁宅亥方 高辰甲年生女丁宅辰戌方煞	上元行正門 五黃 向關方 壬子癸 延年	三碧 生方 寅艮丑 禍害 下元借放水
二黑 退煞 辛酉庚	九紫 入中 五黃中	折近兼開食井 七赤 死煞 甲卯乙 離 煞 生氣 丙午宅卯乙方高發尊官厚祿
六白 財方 魁星 未坤申 六煞	丙午坐丙位高發顯宦 丁宅午方高卯巳年生子 四綠 生方 丙午丁 伏位 坐 上元宅屋宜高貴	八白 善曜 辰巽巳 天醫 丁宅巳方高發貴長方高得厚祿

右圖離宅左城門地元順局乘震宮龍氣傍山有龍氣落者乘乙卯氣吉忌甲卯單甲挨寅亦吉如無龍氣在百步已外建高屋爲宅本并放水行正門次於乾宮貼近建高屋爲應星借艮宮開井成三六九局上元此宅大發至元運稍更將震宮宅本折建貼近兼開食井乾宮應星折建離遠本方改作大門又借艮宮放水依此改換眞奪天地之化機下元與中元下居此發福無既矣

按本局借庫開井放水則艮八之力能統地元

一卦三宮之妙用乃此宅之關竅雖非相配而發福亦不亞於逆局也上元居正房（受正門氣）中元上居巽（應星近受兜轉巽氣）中元下亦居巽（應星遠受返迴乾氣並大門入氣力專而厚）下元居兌（受宅本兜轉兌氣）上元亦吉（宅本遠受返迴震氣）在人之善趨耳

離宅右城門六九三地元逆局之圖

八宅九星並陰陽官祿煞方如上

上元貼近建高屋為宅本兼開食井 下元全中元下行本宮門塡食井建遠宅本 亥乾戌 離煞	向 上元行正門 癸子壬	下元借本宮放水兼開明窗 寅艮丑
辛酉庚	九紫入中 五黃中	上元百步已外建高屋為應星並放水 下元開食井塞放水建近應星 甲卯乙 坎煞
未坤申	丙午丁 坐	辰巽巳

右圖離宅右城門地元逆局乘乾宮龍氣傍山有龍落者乘乾戌氣忌乾亥單亥挨壬亦吉如無龍氣在本宮貼近建高屋爲宅本兼開食井行向上正門次在震宮百步已外建高屋爲應星低宅本五寸並放水佈成六九三局此宅上元與中元上鴻發也至元運更時拆乾宅本建遠塡食井閉正門改此大門取坎氣移歸西北並借庫放艮宮水兼開明窓穿震井復折應星建回貼近則又下元與中元下之吉宅矣

按本宅上元截西北之風引正東之氣則龍局

同乎一元下元更換通乾風中元下同引艮氣塞震煞而食井兩元各處旺方不獨合局之吉且收相兼之妙豈非三元一氣之大宅乎分房引氣趨運與上順局同

凡宅圖一十八局首重以宅本與應星次改門開窗放水穿井之大用爲趨避元運之要樞但自建一方之宅有餘地者可以任意改移如連甍接宇而居何能左右添置一桁一瓦乎是限於地而不用言矣則只論放水開窗天窗亦能接引吉氣

或改門或移房亦能致福所謂大用之則大效

小门之則小效也已上圖惟述作宅全局之秘

旨為人所取法耳篇内局所注用法或詳或畧

不能盡述閱者宜合觀之方能盡所用也

陽宅紫府寶鑑卷之三

高明劉文瀾墨池著

男伯陽復元校

門人張作哲珠崖刋

宅星入中飛加各方吉凶六事用

宅星者本宅之星以之入中也坐坎一白入中離九紫入中震三碧入中兌七赤入中之類皆順飛入方以入方所得星生宅為生氣坐坎六白七赤方為生氣之類宅星生方星為退氣遇紫白為善曜方星尅宅星為殺氣宅星尅方星為死氣遇紫白為

魁星爲財比和爲旺氣五黃爲關方所主六事以房井灶畜欄宜生旺方退方五黃方亦可開（井要在失運之方返爲旺）牀宜旺方忌生煞方碓磨亦忌煞方宜財星方厠宜退死方惟灶司一家禍福所關甚重既擇坐家生旺之方安之其灶向實要向宅主命卦之四吉方座與向定後隨選灶口生氣方埋氷缸米倉（如灶向九紫入中三碧到艮四綠巽二方爲生氣此二方安水缸大利積薪與安米倉俱吉）此係宅星之統領以主一宅內入方之吉凶矣

層間星入中管層間吉凶用

層間星者本層間之星入中以論本層間之生尅亦由宅星入中飛佈取用如第一間第一層一白入中第二層第二間二黑入中之類若樓閣以地下層爲第一層從此層數生旺有六事動用本層間受禍關煞方有六事動用本層間受禍居住者切宜知所趨避也

層間大門房牀位調遞總訣

太歲每年所値之星名歲建以之入中飛加層間與大門二者各得之星復入中宮飛佈定層間並全屋之吉凶以層間所得星入中飛加本層間內之入方論本層間內之吉凶又大門之星入中飛加

屋內各方以定全屋內之吉凶

一以年星加層間入中飛佈以論一間一層內房門及房內牀位宜忌各事以年星加層即將本層間所得之星入中飛回本層間所有住房之門看得何星又入中飛到本住房內之牀位看吉凶星以定災福如六白值年將六白加第一層間七赤值年又將七赤加第一層間如第一層間有房門在艮牀在房內離位即以七赤入中艮門得一白復將一白入中離位之牀即得五黃矣

用法首看歲星入中加層間次看大門星無大門看間落次又看年星加間吉凶均論星之調遞凶多决凶吉多决吉如吉凶参半即論有無神煞併臨如調遞得凶星多此方有吉神坐守不發凶止小災而已如凶煞併守

决主損人大凶矣

三元大運每年值九星定例每年逆取星順飛宮挨嘉慶九年交

入下元見上三元九宮衰旺係未

上元六十年

甲子一白乙丑九紫至壬申二黑癸酉復輪一白

甲戌九紫乙亥八白至壬午一白癸未復輪九紫

已上二十年上元上主管

甲申八白乙酉七赤至壬辰九紫癸酉復輪一白

甲午七赤乙未六白至壬寅八白癸卯復輪七赤

已上二十年上元中主管
甲辰六白乙巳五黃至壬子七赤癸丑復輪六白
甲寅五黃乙卯四綠至壬戌六白癸亥復輪五黃
已上二十年上元下主管

中元六十年
甲子四綠乙丑三碧至壬申五黃癸酉復輪四綠
甲戌三碧乙亥二黑至壬午四綠癸未復輪三碧
已上二十年中元上主管
甲申二黑乙酉一白至壬辰三碧癸巳復輪二黑

甲午一白乙未九紫至壬寅二黑癸卯復輪一白
已上二十年中元中主管
甲辰九紫乙巳八白至壬子一白癸丑復輪九紫
甲寅八白乙卯七赤至壬戌九紫癸亥復輪八白
已上二十年中元下主管
下元六十年
甲子七赤乙丑六白至壬申八白癸酉復輪七赤
甲戌六白乙亥五黃至壬午七赤癸未復輪六白
已上二十年下元上主管

甲申五黃乙酉四綠至壬辰六白癸巳復輪五黃
甲午四綠乙未三碧至壬寅五黃癸卯復輪四綠
已上二十年下元中主管
甲辰三碧乙巳二黑至壬子四綠癸丑復輪三碧
甲寅二黑乙卯一白至壬戌三碧癸亥復輪二黑
已上二十年下元下主管
一百八十年一大三元六十年內具一小三元玄空大卦本於此分子午卯酉為天元一四七局分寅申巳亥為人元二五八局分辰戌丑未為地元

三六九局故排運定氣神驗不爽陽基首重此矣

太歲一星調替法 值年星爲暗建對宮爲暗破如一白值年一白卽暗建九紫卽暗破二星雖吉俱以爲凶

調者以本年星入中爲主飛洒諸星於各層間如下元壬辰年六白値年卽將六白入中輪三碧到坤配層第二層配間則第二間是也

遞者以飛到之星復入中而替換星辰也如六白入中三碧飛到第二間再以三碧入中而替到坤位則又九紫到第二間矣每間皆如此

歲星入中飛加層間圖

		一層間	二層間	三層間	四層間	五層間	六層間	七層間	八層間	九層間
九紫入中	調	五	六	七	八	九	一	二	三	四
	遞	一	三	五	七	九	二	四	六	八
八白入中		四	五	六	七	八	九	一	二	三
		九	二	四	六	八	一	三	五	七
七赤入中		三	四	五	六	七	八	九	一	二
		八	一	二	五	七	九	二	四	六

六白入中年		五黃入中年		四綠入中年		三碧入中年	
二	七	一	六	九	五	八	四
三	九	二	八	一	七	九	六
四	二	三	一	二	九	一	八
五	四	四	三	三	二	二	一
六	六	五	五	四	四	三	三
七	八	六	七	五	六	四	五
八	一	七	九	六	八	五	七
九	二	八	二	七	一	六	九
一	五	九	四	八	三	七	二

三黑年

調七八九一二三四五六

遞三五七九二四六八一

一白年

六七八九一二三四五

二四六八一三五七九

一白 二黑 三碧 四綠 五中 六白 七赤 八白 九紫

歳星加層間調法遞

值年之星不以入中宮止加於層間飛佈各方如下元壬辰年六白入中卽於第一層間起六白第二層間七赤第三間八白復將間上所得星入中依法替

去用以知凶中有吉吉中有凶如壬辰六白入中第一間得六白應利矣然將六白入中而替到坎則二黑到坎爲調吉替凶第二間七赤既不吉乃以七赤入中而替四綠到坤則坤宮又得四綠爲調遞皆凶耳

歲星加層間調替圖

九紫入中年	第一層間	第二層間	第三層間	第四層間	第五層間	第六層間	第七層間	第八層間	第九層間
調	九	一	二	三	四	五	六	七	八
遞	五	七	九	二	四	六	八	一	三

八白命年		七赤命年		六白命年		五黃命年	
八	四	七	三	六	二	五	一
九	六	八	五	七	四	六	三
一	八	九	七	八	六	七	五
二	一	一	九	九	八	八	七
三	三	二	二	一	一	九	九
四	五	三	四	二	三	一	二
五	七	四	六	三	五	二	四
六	九	五	八	四	七	三	六
七	二	六	一	五	九	四	八

宮	四綠年		三碧年		二黑年		一白年	
一坎	四	九	三	八	二	七	一	六
二坤	五	二	四	一	三	九	二	八
三震	六	四	五	三	四	二	三	一
四巽	七	六	六	五	五	四	四	三
五中	八	八	七	七	六	六	五	五
六乾	九	一	八	九	七	八	六	七
七兌	一	三	九	二	八	一	七	九
八艮	二	五	一	四	九	三	八	二
九離	三	七	二	六	一	五	九	四

歲星飛加大門調間法

值年星入中飛加至門看得何星卽將門上所得之星復入中替至各層間假如下元中壬辰年六白入中卽以六白輪到門上若開艮門則九紫到艮次將九紫復入中替到第一間得五黃第二間六白第三間七赤第四間入白輪去若住第一間爲犯五黃凶凡房牀一二黃加臨輕多則重與二黑七赤同到逢太歲戊已都天三煞併臨決主此間傷人惟天月歲三德到可解

歲星飛加大門調間圖

先查歲星直行次橫尋大門得何星又尋所得星之行直看橫尋間此是歲飛門門飛間法

	第一層間	第二層間	第三層間	第四層間	第五層間	第六層間	第七層間	第八層間	第九層間
歲九紫調門間	五	六	七	八	九	一	二	三	四
歲八白調門間	四	五	六	七	八	九	一	二	三
歲七赤調門間	三	四	五	六	七	八	九	一	二
歲六白調門間	二	三	四	五	六	七	八	九	一
歲五黃調門間	一	二	三	四	五	六	七	八	九

	一坎大門	二坤大門	三震大門	四巽大門	五中	六乾大門	七兌大門	八艮大門	九離大門
歲四綠調門間	九	一	二	三	四	五	六	七	八
歲三碧調門間	八	九	一	二	三	四	五	六	七
歲二黑調門間	七	八	九	一	二	三	四	五	六
歲一白調門間	六	七	八	九	一	二	三	四	五

歲星加層間調房門牀位訣

值年之星加層間入中即以間上所得之星復入中輪至本間房門看得何星即將所得星入中飛加至

牀位隨星之吉凶以主災福假如下元壬辰年六白加第一間七赤二間八白三間就住第三間如開艮房門床安離方卽以八白入中二黒到艮門又以二黑入中則六白到離方牀位矣夫牀爲育嗣之所夫婦安危並繫六事之中首一重大照法飛佈逢三白臨鎭天喜紫微龍德同守牀方太陽三合關拱之年又房内明潔外無冲射决生好子不爽也

歲星加層間調房門牀位圖

先看間星直行次横尋房門宫（如壬子癸房門尋坎宫）

所得何星又尋所得星之行直看横尋脉位如甲卯乙三字脉位尋震宮每行以頂頭字為人中凡各間各房門各脉位所得星卽看頂頭字左查下横入卦宮相對字便是房脉星也各宮看房門則作房門所得星看脉位則作脉位所得星活用如第一間坤房門巽方脉位若以九紫為間星入中卽查九紫行自頂頭看下横對坤宮得六白為房門所得星又查六白為頂頭字之行直看下横對巽宮得五黃為巽脉位所得星餘倣此

	一間	二間	三間	四間	五間	六間	七間	八間	九間
歲星六白加間房數	六	七	八	九	一	二	三	四	五
歲星五黃加間房數	五	六	七	八	九	一	二	三	四
歲星四綠加間房數	四	五	六	七	八	九	一	二	三
歲星三碧加間房數	三	四	五	六	七	八	九	一	二
歲星二黑加間房數	二	三	四	五	六	七	八	九	一
歲星一白加間房數	一	二	三	四	五	六	七	八	九
歲星九紫加間房數	九	一	二	三	四	五	六	七	八
歲星八白加間房數	八	九	一	二	三	四	五	六	七

臺簡七赤彙七　八　九　一　二　三　四　五　六

中五　乾六　兌七　艮八　離九　坎一　坤二　震三　巽四

月建入中調遷諸星法

每年太歲諸星飛洒九宫定一年之吉凶亦必以月疇入中飛輪各方知各方之吉凶應於何月至日時疇星施於陽宅較輕是可畧也凡值子午卯酉年八白起正月辰戌丑未五黃起正月寅申巳亥二黑起正月俱逆取順飛如八白正月九紫二月七赤三月皆自正月星星逆取飛宫則順

每年值月星圖

月	正	二	三	四	五	六	七	八	九	十	十一	十二
子午卯酉年	八白	七赤	六白	五黃	四綠	三碧	二黑	一白	九紫	八白	七赤	六白
辰戌丑未年	五黃	四綠	三碧	二黑	一白	九紫	八白	七赤	六白	五黃	四綠	三碧
寅申巳亥年	二黑	一白	九紫	八白	七赤	六白	五黃	四綠	三碧	二黑	一白	九紫

箕疇秘旨

太歲一星不可犯如六白值年入中宮就以六白爲太歲屬金凡六白所到卽太歲所占之方犯之大凶要知受病被害在何人以本宅坐向方偶所值八卦加來九星定之并詳天于地支以决人事如下元壬辰六白太歲三月到艮金入土鄉受土生應吉惟犯暗建少男不利八月到巽金來尅太又犯暗建長婦爲家長所責甲寅乙卯命被灾頭病餘倣此推

太歲于支爲明建三元九疇爲暗建對冲爲暗破

上元甲子起坎一中元甲子起巽四下元甲子起
兑七凡甲子皆逆行九疇皆順衍如下元甲子年
七赤入中乙丑六白入中皆為太歲暗建今下元
道光壬辰年到乾則以六白入中為太歲暗建巽
四綠為暗破一年逆進一位又以月星調遞如壬
辰三月太歲暗建在艮暗破在乾遞四月二黑在
中太歲暗建在離九暗破在七赤五月一白在中
太歲暗建在坎一暗破在艮八餘倣此疊凶如歲
破三煞官符金神都天大小月建陰符箭刃暗黃

的命白虎黃旛豹尾的流之類或二三件同到冲刑本命也

若太歲一星到歲德德合本位不忌但要分上中下三旬取用

箕疇加宮 吉凶隨宮所斷並與本方原星同參

六白到兌吉到坎及中宮全吉到坤中下旬吉上旬戌刑未到艮中旬金土相生下旬水生木皆吉上旬丑戌相刑不利到震上旬乾納甲下旬水生木吉中旬受尅到中全吉到巽上旬辰戌冲中旬受尅下旬

巳亥相冲亥水尅巳火凶到離先天本位上旬吉中
下旬凶

六白還乾有氣修進錢財　暗建下犯上父長憂
辱尅犯木命骨肉殘損殺傷盜賊

六白在兑有氣武功大利修進金寶　暗建犯上
肺疾痰火鼻痔交劍殺傷盜賊骨肉殘損爭產財
散吉催孕

六白在艮金土相生修進財祿生丁　暗建犯上
凌宅主責罰少男上旬交戰煞傷瘋顛痼瘵

六白在離老父腫病咳痰大腸鼻病　暗建下尅上仲婦忤公受尅交戰殺傷頭腦筋肢受病鞍馬勞傷

六白在坎金生水宅主順遂或因商賈發財　暗建中男花費錢財得令修生貴子功名顯達或典庫水利廣增金寶

六白在坤金土發錢財進田牛生子　暗建老父母欠安頭腦肢筋肚腹受病上旬瘋顛痼瘵叠凶交戰殺傷賣產犯刑名

六白在震尅宮非禍橫加　暗建爻責長男叠凶
交戰殺傷因金玉寶石爭鬬生非頭痛
六白在巽尅宮官事牽連　暗建宅主責長婦貪
圖往返少成多敗交戰煞傷頭痛
六白在中有氣發福修造進金銀老爻安享廣增
衣祿　暗建下犯上叠凶瘋顛痼瘵灾憂煞傷馬
損吉神催丁
七赤加乾交劍煞凶到坎相生得令有氣全吉到艮
少婦來少男之宮會吉催生貴子上旬金入丑墓不

吉到震凶中旬離合煞主夫婦不和陰人灾病鬬牛穿心非灾横加反吟少成多敗全凶到巽上旬吉中旬受尅凶到離上中旬凶下旬兌納丁吉到坤得令有氣全吉但催丁生女不生男到中不忌

七赤還兌有氣陰人暗助財産臨旺修發横財暗建下犯上尅犯木命骨肉殘損肺病痰煞傷盜賊口舌

七赤在艮有氣錢谷旺盛　暗建妻犯夫主失財破物口唇疾刑巳刑戌陽人灾禍瘋顛痼瘵吉催

生

七赤在離少婦肺疾痰咳　暗建下犯上仲婦因

錢詈姑受尅陰人灾禍鼻衂筝痔口舌破財魚絲

起訟

七赤在坎有氣陰人暗助財產生子　暗建少女

中男口舌秋冬修進金銀或因池塘水利發横財

中房旺丁

七赤在坤有氣陰人暗助財產　暗建少婦欺姑

私奔娘家口舌疊凶女婦灾禍或因妾婢巫尼是

非失田牛吉催丁

七赤在震金尅木陰人灾禍　暗建少婦犯夫婦

犯夫兄長房反目離而後合非禍横加官事牽連

貪圖往反足有殘疾

七赤在巽金入木陰人災禍官事牽連　暗建媳

娌口角疊凶動作尅長女少女中傷

七赤在中秋金得令陰人暗助財產　暗建少婦

犯宅主因婢口舌疊凶陰人灾禍小口刑傷血疾

紅光吉催丁

七赤在乾交戰骨肉殘損爭產敗散肺疾痰火
建暗犯上少婦詈公犯凶陰人灾禍頭腦肢筋受
病口舌不寧
八白到震上旬甲貴吉中下旬不吉到巽中旬不吉
下旬寅刑己凶上旬吉到離全吉上旬艮納丙更吉
到坤穿心煞凶到兌少男少女相配全吉中旬催丁
更速到乾上旬丑戌相刑不吉中旬土生金下旬寅
亥相合吉到坎上下旬吉中旬受尅凶到中全吉
八白還艮有氣進益田產　暗建下犯上少婦口

舌逆夫忤姑尅犯水命少男聾啞黃腫痴呆之類
八白在離生助進田產少男大利　暗建下犯上
仲婦口舌受生納丙生貴子增福祿利山行發橫
財
八白在坎中男腎病因山塲水利生非　暗建犯
上陵下冲尅退田產非禍橫加官事牽連
八白在坤有氣進益田產生子　暗建貪圖往反
叠凶少男聾啞黃腫痴呆宅母灾憂上下旬破產
八白在震土入木鄉脾腎有損　暗建長欺少草

木口角受尅退田產因石木破敗左手足灣中流
痰附骨疽
八白在巽土入木少男人口受風寒腹有病　暗
建長女長婦因田地受累而敗凶灾退田產吊頸
破家手中瘡毒會吉催丁
八白在五有氣進益田土山塲　暗建少男腎病
耳閉塞面黃瘦上旬刑戌下旬刑巳退田產聾啞
黃腫痴呆之類
八白在乾土生金益田產下旬寅亥合發橫財

暗建少男犯父疊凶上旬頭腦肢筋受病少男退
田
八白在兌土生金益田產夫婦和悅頻招橫財田
園獲生貴子多喜事考試功名文武首選
九紫到坤全吉中旬午火生坤土大吉到兌中旬大
凶到乾上旬入戌墓不忌中旬受魁煞下旬吉到坎
中旬不利上旬離納壬吉下旬不忌到艮火生於寅
吉到震到巽全吉木火通明催生貴子到中全吉火
生土生子發富

九紫還離有氣發富催貴考試大利臨旺生子
暗建仲婦逆夫尅犯金命煞傷小口火灾血光武
功名厄險
九紫在坎貪圖往反少成多敗　暗建下犯上妻
壓夫主受尅經不對月不受胎血疾淋漓瘡疥腿
脚
九紫在坤富貴生子發橫財　暗建下犯上婦逆
姑動作進益田產六畜興旺布帛穀米豐盈催科
甲

九紫在震得令生子發秀催官進祿長房文明科
場首選受生中女福壽仲婦孕男寅午戌亥卯未
生子
九紫在巽得令文章科甲長房生貴子　暗建仲
婦血光受生文武雙榜兄弟聯芳長
九紫在中火生土育貴子發財祿進益田庄催官
貴　暗建中女黃瘦疊凶疾病夭亾辰戌丑未生
命畜耗火災
九紫在乾魁宮非禍橫加　暗建仲婦犯宅主產

厄交戰殺傷頭腦肢筋受病或因天鵝等物生非
九紫在兌受尅非禍橫加　暗建少婦受仲婦辱
犯土口唇牙舌受病肺癰肢筋受病少男退田
九紫在艮火生土添貴丁有氣制金神中男陰人
發橫財少男最利功名顯達生貴子進田產山塲
一白到艮全吉以一白水能潤艮土以生木下旬水
生木催丁更速到震上下旬吉刑卯不吉到巽中旬
受生上旬入辰墓不生巽下旬受尅俱凶到離穿心
反吟全凶到坤中旬吉下旬水生於申更吉到兌金

白水凊全吉利中水潤土全吉

一白還坎得令可剋火星修發橫財或魚鹽貨殖

商賈起家　暗建犯上尅犯火命災禍水厄犬蛇

咬傷泄瀉痢病

一白在坤可制火星水土農事大利　暗建下犯

上中男逆母疊凶水厄災禍瘟癀腫脹中滿鼈雜

肚腹冷疾

一白在震有氣制火星長房大利發富催貴科甲

首選　暗建水厄受禍中子遊蕩

一白在巽有氣能制火星修造大利文章科甲
暗建下旬長女不利上旬墓辰水厄灾禍會吉催
生貴子
一白在中得令可制火星受尅水厄灾禍　暗建
下犯上中男忤逆疊凶瘟瘽腫脹水蠱瀉痢吉催
丁
一白在乾受生制火大利修造中男發橫財　暗
建觸父怒次子洩氣疊凶水厄灾禍水入金仲房
風聲損財

一白在兌有氣制火星利修造生子發財　暗建下犯上少婦仲房口角疊凶水厄灾禍中房風聲損財

一白在艮有氣制火星修造大利　暗建下奪上少弟犯仲兄疊凶水厄灾禍瘟癀腫脹蠱症損孕中房不利

一白在離水旺制火　暗建犯上殺妻亂家重喪凶禍疊凶水厄灾禍貪圖往反官事牽連

二黑到兌全吉到乾坤土生乾金中下旬吉上旬戌

未相刑不吉到坎上中受尅凶下旬坤納癸吉到艮
全凶丑未寅申相冲穿心反吟煞到震上旬甲已合
吉中下旬凶到巽上中旬不吉惟下旬火生土吉到
離上下旬吉中旬洩離火之氣不吉到中穿心全凶

二黑還坤動土陰人患目田產招非　暗建犯上
宅母災憂尅犯水命宅母昏迷痴呆聾啞腫脹腹
疾胃痛

二黑在震老母脾胃有傷　暗建下犯上長男被
母懲責犯土宅母災咎田產破敗或牛鬬驚傷

二黑在巽宅母灾憂脾胃有損　暗建田產生非
破財敗家或牛鬭驚傷僧尼道姑生非
二黑在中犯動宅母灾憂田產之非　暗建老夫
妻反目四季命宅母聾啞黃腫痴呆損牛退田
二黑在乾有氣宅母清泰發富　暗建妻壓夫失
和犯土宅母灾憂田產起禍疊凶宅主被墻倒土
擊腿牛出
二黑在兌土金有氣進益田產或以銀生利　暗
建少婦逆姑娘家口舌疊凶灾宅母灾憂田產惹

非牛災會吉催丁

二黑在離有氣進益田產考試大利土財豐盈

暗建宅母壓制仲婦犯土疊凶宅母灾憂田產之

非失牛官訟

二黑在坎犯土宅母災厄田產非禍聾啞黃腫弱

症痴迷　暗建下犯上尅制非禍橫加中男災咎

二黑在艮貪圖往反少成多敗　暗建母責少男

忤逆犯土宅母灾憂田產得禍聾啞黃腫痴呆之

類損畜

三碧到巽長男到長婦之位二木成林修催丁必孕
文章科第之子全吉到離火木通明全吉到坤上旬
入墓不吉中受尅大凶下旬乙貴吉到兌穿心離合
反吟全凶到乾上中旬不吉下旬水生木吉到坎水
木相生上下旬吉中旬刑子不吉到艮上中旬不吉
下旬乙木旺在寅吉到中五不吉
三碧還震有氣考試大利臨祿旺科考試首選
暗建犯上風聲不正尅犯動土木工灾禍淫亂破
敗長房杖罪

三碧在巽長房風聲不正口舌破敗　暗建下犯
上長男責妻動土木工灾禍官符笞棒枷吉催生
三碧在中飛禍橫加官事牽連　暗建犯上陵下
動土木工灾禍拆傷瘡癰陰人小口不利
三碧在乾自逞強暴不知所止取禍招非戶役錢
糧破敗　暗建口舌官訟囚禁動土木工禍災
三碧在兌自逞強暴不知所止取禍招非因戶役
錢糧破敗　暗建下犯上動土木工灾禍口舌官
訟囚禁

三碧在艮木入土折傷瘡癰動土木工灾禍　暗
建少弟長兄口角春月子命不利下旬寅木合吉
催生男
三碧在離有氣生子發秀催官催科　暗建仲婦
犯夫兄叠凶動土木工灾禍不側火星血光滚湯
傷足
三碧在坎有氣生子發財考試大利　暗建長男
壓制仲弟叠凶動土木災禍長子遊蕩蛇咬
三碧在坤木尅土飛禍橫加官事牽連　暗建逆

母動土木工災禍宅母脾胃拆傷瘡癰田產非禍
四綠到離全吉催生火木通明之子到坤上旬木墓
在未中旬木尅土不吉下旬巳申合水吉到兌上下
旬不吉中旬辰與酉吉合到乾穿心鬬牛反吟全凶
到艮上中旬不吉下旬寅木比和吉到震比和木臨
旺位長男長婦和諧孕生貴子全吉到中不利
四綠還巽有氣文章進益臨祿旺考塲利宜　暗
建長婦逆夫忤姑尅犯土命長房風聲不正淫奔
破敗箬捧枷杖

四祿在中尅宮飛禍横加　暗建下犯上長婦寃
災疊凶破敗奔淫拆傷瘡癰腐骨疽
四祿在乾口舌官訟囚禁奔淫　暗建自逞強暴
不知所止取禍招非戸役錢糧破散
四祿在兌自逞強暴不受下尅惹禍招非　暗建
口舌官訟淫奔破敗
四祿在艮折傷瘡癰　暗建長婦少男口角落孕
疊凶動作破敗奔淫考試降黜山坡被人爭去
四祿在離火木相生考試大利長房發貴　暗建

下犯上火灾血光叠凶動作破敗淫慾自縊腰股
生腫毒會吉生貴子
四綠在坎得令考試大利旺丁　暗建仲男受長
婦辱叠凶動作破敗淫奔股肱流痰左手腿灣疽
四綠在坤尅宮非禍橫加　暗建長婦欺姑牛灾
叠凶破產淫奔宅母拆傷瘡癰上旬交戰傷害
四綠在震有氣旺文場利官　暗建犯上長婦逆
夫叠凶動作淫奔醜敗破家敗產孟房最凶
五黃到處不論生尅宮位皆凶唯甲癸二方併到歲

德歲德合本位不忌然亦分上中下三旬論到乾不吉尤不宜動土主宅母長病到坎上中旬不吉動土少男重病中男不利水厄災禍下旬坤納癸不忌到艮動土少男重病穿心全凶到震上旬甲巳合土不忌中下旬凶動土長男重病到巽全凶犯土長女重病到離全凶犯土宅母火病仲婦不利尅犯凶灾到坤穿心全凶動土宅母重病土入土鄉跌損傷到兌凶動土少婦重病長戌丑未最凶尅水命刑酉冲卯主大凶灾到中全凶動土大病水命災禍宅長憂辱

亦不宜修艮坤維方

五黃歸中動土火病　暗建下犯上父長憂辱尅犯水命凶災聾啞黃腫痴呆六畜消耗

五黃在乾動土宅長火病　暗建犯上尅犯水命凶災季房小口傷絞頸

五黃在兌動土少婦重病田土口舌損失六畜暗建尅犯水命刑酉冲卯凶災黃腫痴迷昏呆絞頸

五黃在艮貪圖往反少成多敗動土少男重病

暗建下犯上尅犯凶灾聾啞黃腫痴呆宅長六畜不利

五黃在離動土宅長大病仲婦不利　暗建受人欺凌白土欠利凶灾黃腫火病血灾損胎

五黃在坎尅官非禍橫加動土重病　暗建中子不利辰戌丑未凶災黃腫聾耳泄瀉不受孕胎

五黃在坤動土宅母重病黃腫聾啞昏迷　暗建田地口舌尅犯凶灾跌蹼傾折失田牛

五黃在震動男長男重病　暗建子欺父媳忤姑

奴叛主土入木脾胃損動土木工凶傷不測宅母

遭冤枉

五黃在巽犯土長女重病脾胃損傷　暗建下犯

上奴僕偷竊陰人小口凶灾畜消耗

九星得令有氣　每月二德德合值九星極吉

一白水星逢申酉戌亥子爲有氣吉　二黑土星逢申酉戌亥子爲有氣吉

三碧木星逢亥子丑寅卯爲有氣吉　四綠木星逢亥子丑寅卯爲有氣吉

五黃土星逢申酉戌亥子爲有氣所到之方生旺最吉遇尅犯動土凶灾立應如神

六白金星逢巳午申酉之方修造主禎祥

七赤金星逢巳午未申酉爲得令所到方生比有陰人助財產兩相冲尅必主陰人灾禍之應

八白土星同二黑有氣生助進益田產冲尅反凶

九紫火星逢寅卯辰巳午得令不避凶煞安塟發福五行制化得宜起造方立應富貴

穿宫納氣 並圖

世人論星穿宫以一二座爲靜宅不必穿宫三五六七八座爲動宅卽論穿宫三座成卦五座合五行以正門從坐點至門傍門從門點至向看頭座屬何星五行卽以星五行順生入以定吉凶吉星宜高深宜安神凶星宜低淺凡安香火固要吉之座又要吉星

與坐相生合爲最吉名穿官貫井係在廳堂或正巿
或偏左右開門穿入由天井而過總其用訣如震兌
宅正門得破金生二座文水水生三座貪木吉宜安
神宜高宜深坎離宅正門得武金生二座文水水生
三座貪木吉宜安神宜高深坤艮宅正門得貪木生
二座廉火火生三座巨土土生四座武金吉亦宜香
火宜高深乾巽宅正門得祿土土生二座武金金生
三座曲水水生四座貪木吉是宜香火宜高深此八
宅穿官之定例也此是宅之空匡廊耳不知招氣之

高深低淺自有元氣之所主如旺在向則穿之愈入
而引氣愈厚若衰在向則穿之宜淺則后氣長前氣
短是穿宮趨元合運之第一妙法也繪圖如左
後圖在深淺之間以作用而官位安神仍得吉星
穿宮之例不背得此活法變通何所不可凡橫門
點向一例同推

穿宮趨元圖

上元中旺運直穿第四進香火并住房吉
艮宅坤正門一進貪狼
下元下煞運頭進安香火并住房吉

上元上煞運頭進安香火并住房吉
坎宅離正門一進武曲
下元下旺運直穿第三進香火并住房吉

中元下下元煞運二進安香火頭進用屏門當中
乾宅巽正門一進祿存
中元上旺運直穿第四進安香火并住房吉

下元上旺運直穿第三進香火并住房吉
震宅兌正門一進破軍
上元下煞運向右邊乾穿入第三進安香火三進用屏門截煞

	一進	二進	三進	四進
巽乾向	武	文	貪	
離坎向	武	文	貪	不
震兌向	破	文	貪	
坤艮向	貪	廉	巨	武

下元上煞運第三進安香火頭二三進俱設屏門行左邊穿入合生成之數
兌宅震正門一進破軍
上元下旺運安香火并卧房直穿第三進吉

中元下下元旺運直穿第四進安香火并卧房吉
巽宅乾正門一進祿存
中元上上元煞運第二進安香火并住房頭進設屏門吉

上元上旺運直穿第三進安香火并卧房吉
離宅坎正門一進武曲
下元下煞運頭進安香火并住房

上元中煞運頭進安香火并住房牀吉
坤宅艮正門一進貪狼
下元中旺運直穿第四進香火并住吉

年神月煞總例

若夫神煞者以太歲爲主蓋太歲爲衆煞之君統領諸煞分佈十二宮以司一年之休咎所臨之方有六事動用必主灾禍如係本宅煞方必主損人雖非煞方而并三煞戊己五黃等凶亦主損人若太歲所臨併宅內煞方更三煞戊己五黃等煞而動用者則殺人不而足此方六事不止一件則損人倍加之太歲所在卽不動用雖非煞方其方有住人者亦主災禍加煞卽主死人次以年建位上起一太歲二太陽三

喪門四太陰五官符六死符七歲破八龍德九白虎十福德十一弔客十二病符順行十二位太陽或到或弔或照生男太陰或到或弔或照生女龍德福德益財進喜若遇年星紫白加臨喜慶重重喪門弔客主孝服病符死符病患災非官符歲破是非官訟白虎口舌病訟諸凶若併三煞戊己五黃等凶殃禍立見再以本年驛馬位上起十二趕煞驛馬者申子辰年馬居寅亥卯未馬居巳寅午戌馬居申巳酉丑年馬居亥從驛馬位上起驛馬次六害黃旛刦煞災煞

歲煞寃煞譬煞報煞天官符大煞攀鞍順行十二位
何謂趕煞以驛馬三煞皆主迅速若與凶神相併其
禍立至然則與吉神相併其福亦立至矣是在作者
加意詳之耳六害主損六畜黃旛主瘟癀刼災歲是
名三煞最關緊要天官符主官事扳鞍主吉慶其次
論戊己戊己與五黃同推五黃依戊己爲體戊己以
五黃爲用相併必主損人法以本年五虎遁起寅遇
戊己所臨之位是也然而戊己所臨潔淨鮮明又主
生子天喜子年起酉逆行十二宮如丑年在申寅年

在未是也對衝即爲紅鸞大約太陽之力照重而到輕弔又次之太陰亦然天喜之力到重而照輕弔又次之紅鸞亦然太陽天喜生男太陰紅鸞生女六陽年與天喜同弔太陰與紅鸞同弔六陰年太陽與紅鸞同弔天喜與太陰同弔是六陽年男女一定而六陰年不無游移矣則以年星决之受胎之年之月得三白星到牀而枕之者生男餘則生女是以住宅如人之命宮神煞如命之流年小限命雖吉必俟流年吉星加臨方應吉祥矣

十二歲神

年	子	丑	寅	卯	辰	巳	午	未	申	酉	戌	亥
一太歲	子	丑	寅	卯	辰	巳	午	未	申	酉	戌	亥
二太陽	丑	寅	卯	辰	巳	午	未	申	酉	戌	亥	子
三喪門	寅	卯	辰	巳	午	未	申	酉	戌	亥	子	丑
四太陰	卯	辰	巳	午	未	申	酉	戌	亥	子	丑	寅
五官符	辰	巳	午	未	申	酉	戌	亥	子	丑	寅	卯
六死符	巳	午	未	申	酉	戌	亥	子	丑	寅	卯	辰
七歲破	午	未	申	酉	戌	亥	子	丑	寅	卯	辰	巳

八龍德	未申酉戌亥子丑寅卯辰巳午
九白虎	申酉戌亥子丑寅卯辰巳午未
十福德	酉戌亥子丑寅卯辰巳午未申
十一弔客	戌亥子丑寅卯辰巳午未申酉
十二病符	亥子丑寅卯辰巳午未申酉戌

戊巳都天

年	甲	乙	丙	丁	戊	巳	庚	辛	壬	癸
戊都	辰	寅子	戌	申	午	辰	寅子	戌	申	午
巳都	巳	卯丑	亥	酉	未	巳	卯丑	亥	酉	未

四利歲神

年	子丑寅卯辰巳午未申酉戌亥
正月太歲	辰巳午未申酉戌亥子丑寅卯
二月太陽	巳午未申酉戌亥子丑寅卯辰
三月喪門	午未申酉戌亥子丑寅卯辰巳
四月太陰	未申酉戌亥子丑寅卯辰巳午
五月官符	申酉戌亥子丑寅卯辰巳午未
六月死符	酉戌亥子丑寅卯辰巳午未酉
七月歲破	戌亥子丑寅卯辰巳午未酉申

八月龍德　亥子丑寅卯辰巳午未申酉戌

九月白虎　子丑寅卯辰巳午未申酉戌亥

十月福德　丑寅卯辰巳午未申酉戌亥子

十一月弔客　寅卯辰巳午未申酉戌亥子丑

十二月病符　卯辰巳午未申酉戌亥子丑寅

天喜紅鸞

年　子丑寅卯辰巳午未申酉戌亥

天喜　酉申未午巳辰卯寅丑子亥戌

紅鸞　卯寅丑子亥戌酉申未午巳辰

十二趕煞

年	申子辰	巳酉丑	寅午戌	亥卯未
驛馬	寅	亥	申	巳
六害	卯	子	酉	午
黃旛	辰	丑	戌	未
刦煞	巳	寅	亥	申
災煞	午	卯	子	酉
的煞	未	辰	丑	戌
寃煞	申	巳	寅	亥

讐煞	酉	午	卯	子
報煞	戌	未	辰	丑
天官符	亥	申	巳	寅
大煞	子	酉	午	卯
攀鞍	丑	戌	未	辰

神煞月建入中飛宮活圖

夫一年之神煞非板局布定必每月以月建入中統領各神煞輪轉於九宮以司各月各宮之禍福凡疊凶疊吉皆本此圖為用識者細玩之

神煞活圖

圖內花甲即每年神煞也如甲子年圖內甲子即太歲戊辰即戊都庚午即灾煞之類也

破體屋形論

夫宅爲納氣之原形若不正有氣而皆凶何也氣雖足以生形然形破體亦不足以納氣故形必端正方長則所招之氣厚若曠濶凹凸則氣散歪斜尖角則氣偏散則人財不聚偏則出人奸惡是屋形不可講若棄本求末雖盡合作用亦難稱安宅况乎有形之煞與無形之煞相爲表故向有百二十種條載於書猶未足以盡宅法之不善者因將破體屋形煞集錄篇終俾智者觸目警避使天下之人皆曰居之安

是余之用心也矣

破體屋形煞

天征煞　四圍空鈌遠照者左見爲雷煞主火右見爲雲煞主逃前見爲風煞主夭後見爲雨煞主敗

地擊煞　四圍河港直衝者左見爲龍煞主敗右見爲虎煞主傷前見爲鳥煞主訟後見爲蛇煞主怪

人攻煞　四方牆礮高昂者左見爲鼓煞主鬬右見

爲金煞主刑前見爲旗煞主盜後見爲鎗煞主血

雌雄煞　五間堂三間廳五年之內損三人五間廳三間堂三年之內五人亾蓋廳爲客爲婦爲雌堂爲主爲夫爲雄五堂三廳爲夫多婦少主損人尅妻三堂五廳爲夫少婦多主損人過房孤寡尅子內亂

不交煞　前廳後堂不直進而偏者主家中不和

失序煞　前廳過右後堂過左主淫亂訟退

挨肩煞　一邊廳一邊堂一座而造此兩樣爲男女並坐如挨肩之象住堂者多主寡淫

摸背煞　堂在前面廳在後面堂爲夫廳爲妻如婦在夫後摸背主寡而內亂

雀昴煞　廳高堂低主出寡退財　以上論廳堂

欺主煞　正堂低小兩廂高大主奴僕欺主而且主貧寡

暗箭煞　正堂背後屋脊冲來而不見者主逃亾疾病災窮

刺胸煞　前屋衝堂主孤寡損財

刺心煞　他家屋脊正中衝來而差低者主夭亾心疼

刺面煞　有屋斜穿面前主徒訟破財

刺脅煞　兩邊屋脊衝房主少亾退財

刺肩煞　有屋斜穿背後主毒痢暗凶

過頭煞　凡屋前高後低主亾孤寡異姓同居

橫胸煞　凡屋橫長者主少亾寡丁

扛屍煞　正房與廂房相等而前後透出者主少亾

貧寡

四害煞　四邊隣居屋高大本家低小主癡病苦貧

牢獄煞　本宅四面高而中低陷者牢獄訟敗

擡轎煞　正高廂低而兩廂透出者主先富後貧

曲背煞　屋若中高前後俱低主耗散田財出寡

垂頭煞　門屋低小正屋反高主人不軒昂尅妻尅子

離鄉煞　一連高低間者主貧寡離鄉又主出技藝之門前有屋流水拖出亦名離鄉

寒肩煞　正屋兩頭低垂主敗離

孤寡煞　正屋前有同向小屋主孤寡瘋癲耗財

漏氣煞　前後水閣主耗財癆病夭亾

倒罄煞　凡屋前寬大後窄狹者主一發便衰又主
接脚易姓

破脊煞　凡接棟造添新屋主損人官事破財

祿存煞　折半存半主官訟衰敗

破耗煞　凡堂前對面有破屋空倉者主多病退産

不正煞　屋不整齊明堂斜側主淫亂退財

長短煞　長屋夾短屋短者先敗

叅序煞　正屋後邊助屋之左右有屋頭直聯搭接

正屋者主淫慾退財

退神煞　正屋後一層低一層者冷退

口字煞　四面屋高低一樣者貧寡

斷腰煞　東西有空缺者主官非

折腰煞　造屋中低前後皆高主長病敗絕（以上論正屋）

失契煞　正屋之後有一小屋者主產業蕩盡

曲尺煞　正屋一邊造小屋數間住正屋者穩住小

屋者損丁破財

埋兒煞　四畔屋内明堂嵌造一二間小屋主少亾

挑檐煞　正屋兩頭造小屋主貧寡

停柩煞　住屋旁邊有破空屋主損人耗財

揺尾煞　正屋後側屋灣轉主兒孫賭博不歸家

流移煞　凡正屋左右屋滴水簷前另有側屋主離鄉

人字煞　凡正棟大半節間起一帶厢屋主疾病悽惶

丁字煞　凡正屋中半節間起一帶屋主傷人

乚字煞　前後兩層正廂一邊者爲乚字屋主敗乚

川字煞　三層而無兩廂者爲川字屋分離

無主煞　無正堂而有兩廂者主損宅長退財

折手煞　正屋高大左右兩廂低小如折手一般主

退業

雙雌煞　右邊有廂屋四間主小子離妻

雙雄煞　左邊有廂屋四間主長子離鄉

卧虎煞　右廂前有一二間高小樓屋主少乚

伸縮煞　凡廂屋一邊長一邊短主損陰人

青龍反首煞　左邊廂屋頭橫外者爲青龍反首煞

白虎攛頭煞　右邊爲白虎攛頭煞主橫死退敗不睦左主長中右主幼末下皆倣

青龍擺尾煞　兩廂前頭橫攔內屋主淫慾少亾癆

白虎含笑煞　瘵

青龍反足煞　廂屋後有幾間向外造者主暗敗亾

白虎反足煞　家不睦

青龍轉尾煞　廂屋後頭橫攔內屋主淫慾少死財

白虎張威煞　敗以上論廂屋

仰頭煞　門橫高大廳堂低小主財退家離

火毒煞　樓上房樓下灶主瘡痘火毒而凶

寡宿煞　獨座樓房主出孤寡

痘疹煞　樓上房樓下倉主痘凶　以上論樓

虛耗煞　門前有空屋主耗財

塞胸煞　人家大門首被別家樓屋當前塞胸主貧

寡損人

釘唇煞　門前造牌樓主火災官訟貧寡

張唇煞　門前有水閣主出寡離鄉外死

空亾煞　門前有獨間屋者主火光病敗以上論門前

梷辮煞　正屋齊簷有披主家退離鄉

披麻煞　正屋後簷獨有一間披出者主損丁橫禍

相激煞　簷湊簷滴溜相激者主口舌不休黑暗出

瞽

口舌煞　兩廂襟接出一重披簷主口舌官非

混雜煞　轉角處插一層椽子主淫亂

鑊蓋煞　正屋四邊披遮主無子息多病異姓同居

易主煞　四簷齊如口字者主

流淚煞　前簷水滴在河主損少丁又主投河　以上論簷

泄氣煞　屋小明堂寬大主弱症少死退財

蕩氣煞　明堂直長者主奔走夭亾

悶胸煞　凡明堂横長直狹主慳愚被嚇詐　以上論明堂

棺材煞　凡房前將廊折進主絶嗣孤寡　論廊

推車煞　兩邊小屋步低長主傭工脚子路死

露足煞　正屋四角上有小屋一二間者主官災疾

病

接脚煞　正屋前有一二間小屋搭在正屋上者主過房接脚

拖鎗煞　正屋後有一邊小屋拖出者主損丁退財口舌在煞方者主孤老

枕頭煞　一帶屋前橫造幾間小屋者主自縊孤寡

吹奶煞　獨有一邊屋搭在正房者主過房或帶來之子　以上論小屋

虎入煞　兩廂夾廳無正堂者主淫敗招郎

頂頭煞　廂房頭上有小橫屋主自縊孤貧

伸手煞　正堂廂房直長有左長右小敗離

反手煞　正屋背後造兩廂主暗敗凶殘以上論廂房

工字煞　前後中間造過路者主孤寡少亾

停柩煞　正堂後造穿堂主尅妻損子耗財以上論穿堂

隋箭煞　凡屋斜側而用鎗柱者主傷人敗財

六害煞　堂柱穿廳背主路死退財

懸鍼煞　房内有柱中懸主隋胎產難耗財

穿心煞　廳柱對堂前主破敗少亾以上論柱

壓頭煞　屋與𨻶高而過額者主孝服哭泣

搥胸煞　屋與磡孤而觸胸者主痰嗽懨悶

摸肩煞　屋與磡高而過肩者主暗昧災悔

推背煞　屋與磡近而靠背者主陰人小口啾唧

撲耳煞　屋與磡直而齊耳者主邪祟妖怪

衝脅煞　屋與磡直而衝脅者主呻吟疼痛以上論磡

衝心煞　牆籬對中直衝者主心疼死亾

鑽臀煞　牆籬長而順水至者主公訟杖責

紾臂煞　牆籬長衝而形急者主是非公訟以上論牆

攻脚煞　前有塍路低平直衝者主傷殘癆瘵

搥股煞　右左有塍路近而形迫者主瘡痍膿曲
牽腰煞　在後塍路長而順水者主退財路以上論塍
吐氣煞　烟熜當正屋前主損丁口舌官非橫禍
星障煞　房前小屋有烟熜三兩個主隋胎患眼孤
寡以上論烟熜
花粉煞　楝宇彫花畫彩主內亂
桃花煞　龍虎勢若起毯主男女貪淫
葯炉煞　房前有花欄主陰人小口喫葯不歇
暗建煞　人家造捲蓬月臺或兩家簷水合溜主眼

疾產厄少丁 以上雜項

內外六事

內六事者門路宜在得元方忌直冲井宜在失運方反名旺灶座宅主命之四凶凶方向宅主命之四吉吉方碓磨忌宅內人命本生年太歲方又忌每年太歲五黃戊己三煞方畜欄宜宅生方坑厠宜宅之死退方

外六事旗杆直路直牆直水直山屬木不可冲宅塔牌樓窑灶墳堆鐘樓屬火忌在宅向圓堆圓池圓山屬金宜在去水之方方山方屋方牆屬土宜正在向上洞橋灣路曲水灣巷屬水宜在旺方引氣

立社法

大凡一鄉之立社與一家之立門官同立門官向宜與坐宅相生則吉相尅則凶或宅坐生門官內或門官向生宅坐相尅不吉離宅門官在兌向震向生坐

坐兌門官離方向坎坐生向

坐乾門官離方向坎坐生向

坐巽門官坎方向離坐生向

坐震門官丁方向癸向生坐

坐坤門官癸方向丁向生坐

坐艮坎門官震方向兌坐向相生

依此合法

作灶論

凡灶座忌在宅主之四凶方還忌關煞與年上暗黃
冲射樑壓則宅母不利闔門多灾而灶口爲納柴進
薪之門更要宅主東西命合卦最關禍福
上二條最重故於六事內抽出立論

望氣辨色

望氣者望宅之氣色也夫宅吉凶將發之機其氣其
色必先現於瓦面或現於樑柱之間所謂有諸內必
形諸外也世人不留心於此未識所以而智者已先
覺之邵子云若還宅氣如春意家宅生和氣若然冷

落似秋時從此漸衰微自然馨香如蘭室福至無虛日卽此爲望氣之本也是知吉凶悔吝各有其機禍福先兆憑乎金木水火土之氣成青黃赤白黑之色辨察分明萬事可以預知白主死喪孝服紅主吐血瘋顛青主生子喜慶黑主悔滯破財黃主瘟瘽蠱脹以明潤爲上暗昧卽凶皆在宅面瓦上日落時細觀之自現乍看則有久看則無細看則有粗看則無澄心靜氣於無象中觀有象在乎人之靈機也吉凶之氣色現一間一層卽此間此層所應現於全宅全宅所應

立宅瑣言

篇內立宅之法重行門重放水重宅本重應星重住房趨氣如此則方位要眞安放經盤要有定法不然議論雖確而安經盤之位不的亦爲自悞何能收天心天氣以及我居乎其法有定焉論外面高屋以香火堂樑春正中安經盤論家內六事以樑前第二架桁底論行大門以頂對簷枋論外門以大門中至外門雖多俱由門起門每門從門口安經盤引出使外面一度度引氣入宅此門上開門論開房門在房之

中看何位能引生旺氣入房非在廳以論房門也論放天井水度天井左右前三方折中世有不解天井放水之義多在天井中間或云在簷滴水下云是水上放水又云或在天井心此執中無權者也凡天井直長是不合法即可對簷滴水施行若天井橫長則挨上階基邊或牽入堂前不定蓋本三方折中取用從門口內牽線入即以盤針就線頭此爲建造宅外之宅本應星高屋與看遠近嶠星並開門放水看內六事安經盤之總法也如通鄉立社及開閘門係在

村之致中前坐照墻邊安經盤建文閣則在村心搭高臺飛線照去取方位若鄉外宗祠欲建文筆則在祠之正樑春中此一定之法也至論一宅之方位以本宅所占之長短濶狹而定均分八方以定佈用此統體一太極也若卧房中亦分八方以取生旺此一物一太極也一定分方與定龍定局之法相類前後直長者左右長處各分為三而前後狹處亦各以三分之左右横濶者前後濶處各分為三而左右短處亦各以三分蓋止據四面所占而定所以法地之方

也其前後濶狹並歪斜不齊者皆依所占而均分之乃得吉凶判然智者觸類旁通盡立宅之能事矣

修改擇吉憑太陽七政造命說

大凡修改移易趨旺避衰或六事動用必憑乎太陽三合四正與七政課命恩用元辰照到所修之方與照宅主之命或夾或輔或關拱方能招吉化凶是以修宅專賴日時爲吉凶之主宰按青江子修方却病散訟催生催貴催財等類盡取人命恩用照臨仇難入地反凶爲吉修催有準由此觀之造宅之法爲體

而選擇日時爲用也余庚寅年所刋太陽選擇全表
盡剖七政造命秘籥有圖有說理約而眞書簡而明
實是篇之良佐也立宅者苟能加意於此則造化在
手不可思議矣

陽宅紫府寶鑑　卷之三　畢

占筮類

1	擲地金聲搜精秘訣	心一堂編	沈氏研易樓藏稀見易占秘鈔本
2	卜易拆字秘傳百日通	心一堂編	
3	易占陽宅六十四卦秘斷	心一堂編	火珠林占陽宅風水秘鈔本

星命類

4	斗數宣微	【民國】王裁珊	民初最重要斗數著述之一；未刪改本
5	斗數觀測錄	【民國】王裁珊	失傳民初斗數重要著作
6	《地星會源》《斗數綱要》合刊	心一堂編	失傳的第三種飛星斗數
7	《斗數秘鈔》《紫微斗數之捷徑》合刊	心一堂編	珍稀「紫微斗數」舊鈔秘本
8	斗數演例	心一堂編	
9	紫微斗數全書（清初刻原本）	題【宋】陳希夷	斗數全書本來面目；有別於錯誤極多的坊本
10-12	鐵板神數（清刻足本）——附秘鈔密碼表	題【宋】邵雍	無錯漏原版秘鈔密碼表　首次公開！
13-15	蠢子數纏度	題【宋】邵雍	蠢子數連密碼表打破數百年秘傳　首次公開！
16-19	皇極數	題【宋】邵雍	清鈔孤本附起例及完整密碼表研究神數必讀！
20-21	邵夫子先天神數	題【宋】邵雍	附手鈔密碼表研究神數必讀！
22	八刻分經定數（密碼表）	題【宋】邵雍	皇極數另一版本；附手鈔密碼表
23	新命理探原	【民國】袁樹珊	子平命理必讀教科書！
24-25	袁氏命譜	【民國】袁樹珊	
26	韋氏命學講義	【民國】韋千里	民初二大命理家南袁北韋
27	千里命稿	【民國】韋千里	
28	精選命理約言	【民國】韋千里	北韋之命理經典
29	滴天髓闡微——附李雨田命理初學捷徑	【民國】袁樹珊、李雨田	命理經典未刪改足本
30	段氏白話命學綱要	【民國】段方	民初命理經典最淺白易懂
31	命理用神精華	【民國】王心田	學命理者之寶鏡

32	命學探驪集	【民國】張巢雲	發前人所未發 稀見民初子平命理著作
33	澹園命談	【民國】高澹園	
34	算命一讀通——鴻福齊天	【民國】不空居士、覺先居士合纂	
35	子平玄理	【民國】施惕君	
36	星命風水秘傳百日通	心一堂編	
37	命理大四字金前定	題【晉】鬼谷子王詡	源自元代算命術
38	命理斷語義理源深	心一堂編	稀見清代批命斷語及活套
39-40	文武星案	【明】陸位	失傳四百年《張果星宗》姊妹篇 千多星盤命例 研究命學必備
相術類			
41	新相人學講義	【民國】楊叔和	失傳民初白話文相術書
42	手相學淺說	【民國】黃龍	民初中西結合手相學經典
43	大清相法	心一堂編	重現失傳經典相書
44	相法易知	心一堂編	
45	相法秘傳百日通	心一堂編	
堪輿類			
46	靈城精義箋	【清】沈竹礽	沈氏玄空遺珍 玄空風水必讀
47	地理辨正抉要	【清】沈竹礽	
48	《玄空古義四種通釋》《地理疑義答問》合刊	沈瓞民	
49	《沈氏玄空吹虀室雜存》《玄空捷訣》合刊	【民國】申聽禪	
50	漢鏡齋堪輿小識	【民國】查國珍、沈瓞民	
51	堪輿一覽	【清】孫竹田	失傳已久的無常派玄空經典
52	章仲山挨星秘訣（修定版）	【清】章仲山	章仲山無常派玄空珍秘 門內秘本首次公開 沈竹礽等大師尋覓一生末得之珍本！
53	臨穴指南	【清】章仲山	
54	章仲山宅案附無常派玄空秘要	心一堂編	
55	地理辨正補	【清】朱小鶴	玄空六派蘇州派代表作
56	陽宅覺元氏新書	【清】元祝垚	簡易・有效・神驗之玄空陽宅法
57	地學鐵骨秘 附 吳師青藏命理大易數	【民國】吳師青	釋玄空廣東派地學之秘
58-61	四秘全書十二種（清刻原本）	【清】尹一勺	玄空湘楚派經典本來面目 有別於錯誤極多的坊本

62	地理辨正補註　附 元空秘旨　天元五歌　玄空精髓　心法秘訣等數種合刊	【民國】胡仲言	貫通易理、巒頭、三元、三合、天星、中醫
63	地理辨正自解	【清】李思白	公開玄空家「分率尺、工部尺、量天尺」之秘
64	許氏地理辨正釋義	【民國】許錦灝	民國易學名家黃元炳力薦
65	地理辨正天玉經內傳要訣圖解	【清】程懷榮	秘訣一語道破，圖文并茂
66	謝氏地理書	【民國】謝復	玄空體用兼備、深入淺出
67	論山水元運易理斷驗、三元氣運說附紫白訣等五種合刊	【宋】吳景鸞等	失傳古本《玄空秘旨》《紫白訣》
68	星卦奧義圖訣	【清】施安仁	三元玄空門內秘笈　清鈔孤本 過去均為必須守秘不能公開秘密 與今天流行飛星法不同
69	三元地學秘傳	【清】何文源	
70	三元玄空挨星四十八局圖說	心一堂編	
71	三元挨星秘訣仙傳	心一堂編	
72	三元地理正傳	心一堂編	
73	三元天心正運	心一堂編	
74	元空紫白陽宅秘旨	心一堂編	
75	玄空挨星秘圖　附 堪輿指迷	心一堂編	
76	姚氏地理辨正圖說　附 地理九星并挨星真訣全圖　秘傳河圖精義等數種合刊	【清】姚文田等	蓮池心法　玄空六法 門內秘鈔本首次公開
77	元空法鑑批點本——附 法鑑口授訣要、秘傳玄空三鑑奧義匯鈔　合刊	【清】曾懷玉等	
78	元空法鑑心法	【清】曾懷玉等	
79	曾懷玉增批蔣徒傳天玉經補註【新修訂版原（彩）色本】	【清】項木林、曾懷玉	
80	地理學新義	【民國】俞仁宇撰	揭開連城派風水之秘
81	地理辨正揭隱（足本）　附連城派秘鈔口訣	【民國】王邈達	
82	趙連城傳地理秘訣附雪庵和尚字金	【明】趙連城	
83	趙連城秘傳楊公地理真訣	【明】趙連城	
84	地理法門全書	仗溪子、芝罘子	巒頭風水，內容簡核、深入淺出
85	地理方外別傳	【清】熙齋上人	巒頭形勢、「望氣」「鑑神」
86	地理輯要	【清】余鵬	集地理經典之精要
87	地理秘珍	【清】錫九氏	巒頭、三合天星，圖文並茂
88	《羅經舉要》附《附三合天機秘訣》	【清】賈長吉	清鈔孤本羅經、三合訣法圖解
89－90	嚴陵張九儀增釋地理琢玉斧巒	【清】張九儀	清初三合風水名家張九儀經典清刻原本！

91	地學形勢摘要	心一堂編	形家秘鈔珍本
92	《平洋地理入門》《巒頭圖解》合刊	【清】盧崇台	平洋水法、形家秘本
93	《鑒水極玄經》《秘授水法》合刊	【唐】司馬頭陀、【清】鮑湘襟	千古之秘，不可妄傳匪人
94	平洋地理闡秘	心一堂編	雲間三元平洋形法秘鈔珍本
95	地經圖說	【清】余九皋	形勢理氣、精繪圖文
96	司馬頭陀地鉗	【唐】司馬頭陀	流傳極稀《地鉗》
97	欽天監地理醒世切要辨論	【清】欽天監	公開清代皇室御用風水真本
三式類			
98-99	大六壬尋源二種	【清】張純照	六壬入門、占課指南
100	六壬教科六壬鑰	【民國】蔣問天	由淺入深，首尾悉備
101	壬課總訣	心一堂編	過去術家不外傳的珍稀六壬術秘鈔本
102	六壬秘斷	心一堂編	
103	大六壬類闡	心一堂編	
104	六壬秘笈——韋千里占卜講義	【民國】韋千里	六壬入門必備
105	壬學述古	【民國】曹仁麟	依法占之，「無不神驗」
106	奇門揭要	心一堂編	集「法奇門」、「術奇門」精要
107	奇門行軍要略	【清】劉文瀾	條理清晰、簡明易用
108	奇門大宗直旨	劉毗	天下孤本　首次公開 虛白廬藏本《秘藏遁甲天機》
109	奇門三奇干支神應	馮繼明	
110	奇門仙機	題【漢】張子房	奇門不傳之秘　應驗如神
111	奇門心法秘纂	題【漢】韓信（淮陰侯）	
112	奇門廬中闡秘	題【三國】諸葛武侯註	
選擇類			
113-114	儀度六壬選日要訣	【清】張九儀	清初三合風水名家張九儀擇日秘傳
115	天元選擇辨正	【清】一園主人	釋蔣大鴻天元選擇法
其他類			
116	述卜筮星相學	【民國】袁樹珊	民初二大命理家南袁北韋
117-120	中國歷代卜人傳	【民國】袁樹珊	南袁之術數經典

占筮類			
121	卜易指南（二種）	【清】張孝宜	民國經典，補《增刪卜易》之不足
122	未來先知秘術——文王神課	【民國】張了凡	內容淺白、言簡意賅、條理分明
星命類			
123	人的運氣	汪季高（雙桐館主）	五六十年香港報章專欄結集！
124	命理尋源	【民國】徐樂吾	民國三大子平命理家徐樂吾必讀經典！
125	訂正滴天髓徵義		
126	滴天髓補註 附 子平一得		
127	窮通寶鑑評註 附 增補月談賦 四書子平		
128	古今名人命鑑		
129-130	紫微斗數捷覽（明刊孤本）[原（彩）色本] 附 點校本（上）（下）	馮一、心一堂術數古籍整理編校小組 整理	明刊孤本 首次公開！
131	命學金聲	【民國】黃雲樵	民國名人八字、六壬奇門推命
132	命數叢譚	【民國】張雲溪	子平斗數共通、百多民國名人命例
133	定命錄	【民國】張一蟠	民國名人八十三命例詳細生平
134	《子平命術要訣》《知命篇》合刊	【民國】鄒文耀、【民國】胡仲言撰	《子平命術要訣》科學命理；《知命篇》易理皇極、命理地理、奇門六壬互通
135	科學方式命理學	閻德潤博士	匯通八字、中醫、科學原理！
136	八字提要	韋千里	民國三大子平命理家韋千里必讀經典！
137	子平實驗錄	【民國】孟耐園	作者四十多年經驗 占卜奇靈 名震全國！
138	民國偉人星命錄	【民國】囂囂子	幾乎包括所民初總統及國務總理八字！
139	千里命鈔	韋千里	失傳民初三大命理家韋千里 代表作
140	斗數命理新篇	張開卷	現代流行的「紫微斗數」內容及形式上深受本書影響
141	哲理電氣命數學——子平部	【民國】彭仕勛	命局按三等九級格局、不同術數互通借用
142	《人鑑——命理存驗．命理擷要》（原版足本）附《林庚白家傳》	【民國】林庚白	傳統子平學修正及革新、大量名人名例
143	《命學苑苑刊——新命》（第一集）附《名造評案》《名造類編》等	【民國】林庚白、張一蟠等撰	史上首個以「唯物史觀」來革新子平命學結集
相術類			
144	中西相人探原	【民國】袁樹珊	按人生百歲，所行部位，分類詳載
145	新相術	【美國】孛拉克福原著、【民國】沈有乾編譯	通過觀察人的面相身形、色澤舉止等，得知性情、能力、習慣、優缺點等
146	骨相學	【民國】風萍生編著	結合醫學中生理及心理學，影響近代西、日、中相術深遠
147	人心觀破術 附運命與天稟	【日本】管原如庵、加藤孤雁原著，【民國】唐真如譯	觀破人心、運命與天稟的奧妙

148	《人相學之新研究》《看相偶述》合刊	盧毅安	集中外大成，無不奇驗；影響近代香港相術名著
149	冰鑑集	【民國】碧湖鷗客	各家相法精華、相術捷徑、圖文並茂附名人照片
150	《現代人相百面觀》《相人新法》合刊	【民國】吳道子輯	失傳民初相學經典二種 重現人間！
151	性相論	【民國】余晉龢	民初北平公安局專論相學與犯罪專著（犯罪學生物學派）
152	《相法講義》《相理秘旨》合刊	韋千里、孟瘦梅	命理學大家韋千里經典、傳統相術秘籍精華
153	《掌形哲學》附《世界名人掌形》《小傳》	【民國】余萍客	圖文并茂、附歐美名人掌形圖及生平簡介
154	觀察術	【民國】吳貴長	可補充傳統相術之不足
堪輿類			
155	羅經消納正宗	【明】沈昇撰、【明】史自成、丁孟章合纂	失傳四庫存目珍稀風水古籍
156	風水正原	【清】余天藻	●積德為求地之本，形家必讀！
157	安溪地話（風水正原二集）		●純宗形家，與清代欽天監地理風水主張大致相同
158	《蔣子挨星圖》附《玉鑰匙》	【清】蔣大鴻等	窺知無常派章仲山一脈真傳奧秘
159	樓宇寶鑑	吳師青	陽宅風水必讀、現代城市樓宇風水看法改革
160	《香港山脈形勢論》《如何應用日景羅經》合刊		香港風水山脈形勢專著
161	三元真諦稿本——讀地理辨正指南	【民國】王元極	被譽為蔣大鴻、章仲山後第一人 內容直接了當，盡揭三元玄空家之秘
162	三元陽宅萃篇		
163	王元極增批地理冰海　附批點原本地理冰海	【清】高守中　【民國】王元極	
164	地理辨正發微	【清】唐南雅	極之清楚明白，披肝露膽
165-167	增廣沈氏玄空學　附　仲山宅斷秘繪稿本三種、自得齋地理叢說稿鈔本（上）（中）（下）	【清】沈竹礽	玄空必讀經典！附《仲山宅斷》幾種鈔本及批點本，畫龍點晴、披肝露膽，道中刊印本未點破的秘訣
168-169	巒頭指迷（上）（下）	【清】尹貞夫原著、【民國】何廷珊增訂、批注	圖文并茂：龍、砂、穴、水、星辰九十九變 洩漏天機：蔣大鴻、賴布衣挨星秘訣及用法
170-171	三元地理真傳（兩種）（上）（下）	【清】趙文鳴	蔣大鴻嫡派真傳張仲馨一脈二十種家傳秘本、宅墓案例三十八圖，並附天星擇日
172	三元宅墓圖　附　家傳秘冊		
173	宅運撮要	【民國】尤惜陰（演本法師）、榮柏雲	撮三集《宅運新案》之精要
174	章仲山秘傳玄空斷驗筆記　附　章仲山斷宅圖註	【清】章仲山傳、【清】唐鷺亭纂	無常派玄空不外傳秘中秘！二宅實例有斷驗及改造內容
175	汪氏地理辨正發微　附　地理辨正真本	【清】蔣大鴻、姜垚原著、【清】汪云吾發微	蔣大鴻嫡派張仲馨一脈三元理、法、訣具體泄露
176	蔣大鴻家傳歸厚錄汪氏圖解	【清】蔣大鴻、【清】汪云吾圖解	三百年來最佳《地理辦正》註解！石破天驚！
177	蔣大鴻嫡傳三元地理秘書十一種批注	【清】蔣大鴻原著、【清】汪云吾、【清】劉樂山註	

178	《星氣(卦)通義(蔣大鴻秘本四十八局圖并打劫法)》《天驚秘訣》合刊	題【清】蔣大鴻 著	江西興國真傳三元風水秘本
179	蔣大鴻嫡傳天心相宅秘訣全圖附陽宅指南等秘書五種	【清】蔣大鴻編訂、【清】汪云吾、劉樂山註	蔣大鴻徒張仲馨秘傳陽宅風水「教科書」！
180	家傳三元地理秘書十三種		真天宮之秘　千金不易之寶
181	章仲山門內秘傳《堪輿奇書》附《天心正運》	【清】章仲山傳、【清】華湛恩	直洩無常派章仲山玄空風水不傳之秘
182	《挨星金口訣》、《王元極增批補圖七十二葬法訂本》合刊	[民國]王元極	秘中秘——玄空挨星真訣公開！字字千金！
183-184	《家傳三元古今名墓圖集附謝氏水鉗》《蔣氏三元名墓圖集》合刊(上)(下)	(清)孫景堂，劉樂山，張稼夫	蔣大鴻嫡傳風水宅案、幕講師、蔣大鴻、姜垚等名家多個實例，破禁公開！
185-186	《山洋指迷》足本兩種　附《尋龍歌》(上)(下)	【明】周景一	風水巒頭形家必讀《山洋指迷》足本！
187-196	蔣大鴻嫡傳水龍經注解　附　虛白廬藏珍本水龍經四種(1-10)	【清】蔣大鴻編訂、【清】楊臥雲、汪云吾、劉樂山註	蔣大鴻嫡傳一脈授徒秘笈　希世之寶 千年以來，師師相授之秘旨，破禁公開！ 完整了解蔣氏嫡派真傳一脈三元理、法、訣！ 附已知最古《水龍經》鈔本等五種稀見《水龍經》
197	批注地理辨正直解	【清】章仲山	無常派玄空必讀經典未刪改本！
198	《天元五歌闡義》附《元空秘旨》(清刻原本)		
199	心眼指要(清刻原本)		
200	華氏天心正運	【清】華湛恩	
201-202	批注地理辨正再辨直解合編(上)(下)	【清】蔣大鴻原著、【清】姚銘三再註、【清】章仲山直解	失傳姚銘三玄空經典重現人間！ 名家：沈竹礽、王元極推薦！
203	章仲山注《玄機賦》《元空秘旨》附《口訣中秘訣》《因象求義》等九種合刊	【清】章仲山	近三百年來首次公開！　章仲山無常派玄空秘密，和盤托出！ 章仲山注《玄機賦》及章仲山原傳之口訣及筆記
204	章仲山門內真傳《三元九運挨星篇》《運用篇》《挨星定局篇》《口訣篇》等合刊	【清】章仲山、柯遠峰等	
205	章仲山門內真傳《大玄空秘圖訣》《天驚訣》《飛星要訣》《九星斷略》《得益錄》等合刊	【清】章仲山、冬園子等	
206	撼龍經真義	吳師青註	近代香港名家吳師青必讀經典
207	章仲山嫡傳《翻卦挨星圖》《秘鈔元空秘旨》　附《秘鈔天元五歌闡義》	【清】章仲山傳、【清】王介如輯撰	透露章仲山家傳玄空嫡傳學習次弟及關鍵不傳之秘
208	章仲山嫡傳秘鈔《秘圖》《節錄心眼指要》合刊		
209	《談氏三元地理大玄空實驗》附《談養吾秘稿奇門占驗》	【民國】談養吾撰	史上首次公開「無常派」下卦起星等挨星秘密之書
210	《談氏三元地理濟世淺言》附《打開一條生路》		了解談氏入世的易學卦德爻象思想
211-215	《地理辨正集註》附　《六法金鎖秘》《巒頭指迷真詮》《作法雜綴》等(1-5)	【清】尋緣居士	集《地理辨正》一百零八家註解大成精華 匯巒頭及蔣氏、六法、無常、湘楚等秘本 史上最大篇幅的《地理辨正》註解
216	三元大玄空地理二宅實驗(足本修正版)	【民國】尤惜陰(演本法師)、榮柏雲撰	三元玄空無常派必讀經典足本修正版

217	蔣徒呂相烈傳《幕講度針》附《元空秘斷》《陰陽法竅》《挨星作用》	【清】呂相烈	蔣大鴻門人呂相烈三元秘本三百年來首次破禁公開！
218	挨星撮要（蔣徒呂相烈傳）		
219-221	《沈氏玄空挨星圖》《沈註章仲山宅斷未定稿》《沈氏玄空學（四卷原本）》合刊（上中下）	【清】沈竹礽 等	揭開沈氏玄空挨星五行吉凶斷的變化及不同用法 章仲山宅斷未刪本、沈氏玄空學原本佚文、玄空挨星圖稿鈔本 大公開！
222	地理穿透真傳（虛白廬藏清初刻原本）	【清】張九儀	三合天星家宗師張九儀畢生地學精華結集
223-224	地理元合會通二種（上）（下）	【清】姚炳奎	分發兩家（三元、三合）之秘，會通其用 詳解注羅盤（蔣盤、賴盤）；義理、斷驗俱精
其他類			
225	天運占星學 附 商業周期、股市粹言	吳師青	天星預測股市，神準經典
226	易元會運	馬翰如	《皇極經世》配卦以推演世運與國運
三式類			
227	大六壬指南（清初木刻五卷足本）		六壬學占驗課案必讀經典海內善本
228-229	甲遁真授秘集（批注本）（上）（下）	【清】薛鳳祚	明清皇家欽天監秘傳奇門遁甲 奇門、易經、皇極經世結合經典
230	奇門詮正	【民國】曹仁麟	簡易、明白、實用，無師自通！
231	大六壬探源	【民國】袁樹珊	民初三大命理家袁樹研究六壬四十餘年代表作
232	遁甲釋要	【民國】徐昂	推衍遁甲、易學、洛書九宮大義！
233	《六壬卦課》《河洛數釋》《演玄》合刊		疏理六壬、河洛數、太玄隱義！
234	六壬指南（【民國】黃企喬）	【民國】黃企喬	失傳經典 大量實例
選擇類			
235	王元極校補天元選擇辨正	【清】謝少暉輯、【民國】王元極校補	三元地理天星選日必讀
236	王元極選擇辨真全書 附 秘鈔風水選擇訣	【民國】王元極	王元極天昌館選擇之要旨
237	蔣大鴻嫡傳天星選擇秘書注解三種	【清】蔣大鴻編訂、【清】楊臥雲、汪云吾、劉樂山註	蔣大鴻陰陽二宅天星擇日日課案例！
238	增補選吉探源	【民國】袁樹珊	按表檢查，按圖索驥：簡易、實用！
239	《八風考略》《九宮撰略》《九宮考辨》合刊	沈瓞民	會通沈氏玄空飛星立極、配卦深義
其他類			
240	《中國原子哲學》附《易世》《易命》	馬翰如	國運、世運的推演及預言